El Regreso a Casa, El Regreso a Roma

Scott y Kimberly Hahn

EL REGRESO A CASA,
EL REGRESO A ROMA

Nuestro Camino Hacia el Catolicismo

TRANSLATED BY
LOGOS INTER–COMMUNICATIONS OF STEUBENVILLE

IGNATIUS PRESS   SAN FRANCISCO

Edición original en Inglés
© 1993 Ignatius Press, San Francisco

Portada: Riz Boncan Marcella

© 1998 Ignatius Press, San Francisco
Derechos reservados
ISBN 0–89870–639–4
Library of Congress catalogue number 97–61097
Impreso en Estados Unidos de América ∞

Con gratitud a Dios por nuestros padres
Jerry y Patricia Kirk
Molly Lou Hahn
y en recuerdo amoroso de Fred Hahn

Gracias por los dones de vida y amor.
Es nuestro privilegio honrarlos como hijo e hija.

Con gratitud a Dios por nuestros hijos, familia política y nietos:
Michael, Ana, Naomi, Bernadette and Lucy Hahn
Gabriel, Sarah, Veronica, Elizabeth, Gabriel and Josie Hahn
Ben, Hannah, and Leo Reinhard
Jeremiah Hahn
Joseph Hahn
David Hahn

Ustedes son el regalo de Dios, de vida y amor que nos hacen una
familia. Es un placer ser su papá y mama, Papa y Nana!

Indice

Nota del Traductor

¡Roma, Dulce Hogar! Aunque al traducirlo al español se pierde la rima original del inglés (Rome Sweet Home) en el título del libro, hemos querido suministrar la traducción literal del mismo por que refleja una de las características más poderosas, a nuestro entender, de este testimonio de vida: Los que nos honramos en tener como profesor al Dr. Scott Hahn en Franciscan University de Steubenville, y disfrutar de la hospitalidad de su hogar con su esposa Kimberly y sus hijos, somos testigos de la importancia que en ellos tiene la vida de hogar, DE FAMILIA, abierta hacia la gran familia de Dios encomendada a Pedro por Jesús, el Hijo.

Confiamos a Nuestra Madre, María, este esfuerzo de traducción, en la esperanza de que ayude a nuestros hermanos hispanos a apreciar y estudiar mejor el gran don recibido de nuestra fe católica, y propicie para todos los seres humanos la unidad en la única Familia de Dios.

por LOGOS Inter-Communications
Horacio A. González
Steubenville, Ohio
25 de Enero de 1997
En la fiesta de la Conversión de San Pablo

Preámbulo

Uno de los hermosos y luminosos astros en el firmamento de la esperanza para nuestros desesperados días, es esta pareja, Scott y Kimberly Hahn, y este relato de su vida y conversión. Es este uno más de los relatos —ya numerosos y en aumento— que parecen estar floreciendo en la Iglesia de América como azafranes brotando entre la nieve de primavera.

Todos las historias de conversión son diferentes —como los copos de nieve, o como las huellas digitales. Todas son dramáticas. El único relato más dramático que el de la conversión a la Iglesia de Cristo, es el de la conversión inicial a Cristo mismo. Ambos dramas —llegar a ser cristiano y llegar a ser católico— son dos pasos en el mismo proceso y en la misma dirección, como el nacer y el crecer. Este libro es un ejemplo excelente de esa verdad.

Dado el drama intrínseco de su tema —la búsqueda mutua entre el hombre y su Creador —vale la pena escuchar *todo* relato de conversión. Pero no todos son capaces de cautivar al lector y de arrastrarlo cual río torrentoso como éste. Diría que hay cuatro razones que hacen imposible dejar de leerlo una vez que se lo empieza:

En primer lugar, los autores son sencillamente muy inteligentes, de pensamiento claro e irrefutable razonar. ¡Nunca quisiera ser un anticatólico en debate con ellos dos!

En segundo lugar, están enamorados apasionadamente de la Verdad y la honestidad. Son incapaces de comprometer sus convicciones.

En tercer lugar, escriben con claridad y sencillez, y con caridad y con gracia y humor y entusiasmo y alegría.

En cuarto lugar, son una pareja encantadora y maravillosa que se ofrece a sí misma así como el tesoro que han encontrado. Cuando los llegue a conocer en las páginas de este libro, encontrará en ellos también aquella indefinible pero claramente identificable cualidad de la *confiabilidad*. Los hebreos la llaman *emeth*. Cuando usted los palpa, sabe que palpa la verdad.

También hay razones religiosas que explican el poder de este libro.

Una es su evidente amor a Cristo. Así de sencillo.

Otra es su amor y conocimiento de la Escritura. No conozco a ningún católico en el mundo que conozca y use mejor su Biblia.

Una tercera es su combinación —como en Cristo— de tradicional ortodoxia bíblica y católica con el personalismo y la sensibilidad modernos. En otras palabras, su amor a la verdad *y* de la gente; de ambos, la doctrina y el discípulo. Este doble amor es el secreto principal de los grandes maestros.

Finalmente, el teológico enfoque en la familia, biológica y espiritual (la Iglesia como familia). Esta doctrina, como cada detalle de la sabiduría de la Iglesia, se define y se aprecia más claramente cuando se encuentra atacada por las herejías que la niegan. Hoy en día esta base fundamental de toda la sociedad divina y humana está bajo ataque y parece estar muriendo ante nuestros propios ojos. He aquí dos guerreros en el ejército de San Miguel Arcangel que contraataca la última invasión del maligno. La suerte de la batalla está cambiando, y el mismo mar de la sabiduría de la Iglesia se está preparando para inundar y lavar nuestra tierra de su corrupción. Scott y Kimberly son dos olas tempranas de esa marea purificadora.

No hay grabaciones en más demanda y más extensa y entusiástamente compartidas hoy entre los católicos norteamericanos que las cintas de los Hahn. Ahora contamos con la versión completa de su historia. Vendrán a su encuentro bocas espirituales más abiertas que las de pichones a la hora de comer.

PETER KREEFT

La familia Hahn, 1974. Scott es el segundo de derecha a izquierda.

Prefacio

El difunto Arzobispo Fulton Sheen escribió una vez: «Apenas habrá cien personas en los Estados Unidos que odien a la Iglesia católica; pero hay millones que odian lo que erradamente creen que es la Iglesia católica».

Nosotros dos creímos en algún momento que estábamos en el primer grupo, hasta que nos dimos cuenta de que en realidad estábamos en el segundo. Pero una vez que vimos la diferencia, y donde de hecho estábamos, paulatinamente se hizo patente que no pertenecíamos a ninguno de los dos grupos: Para ese entonces estábamos ya avanzados en el camino a nuestro hogar. Este libro describe ese camino. Es una narración de cómo descubrimos que la Iglesia católica es la *familia de alianza de Dios*.

Nos concentramos en este libro en cómo el Espíritu Santo usó la Escritura para aclarar *nuestros* malentendidos. No pretendemos tratar de los malentendidos que *otros* puedan tener. Por la gracia de Dios tal vez algún día podamos escribir un libro con eso presente.

Esta historia no podría haberse escrito, si no fuera por Terry Barber de Saint Joseph Communications de West Covina, California, quien generosamente proveyó una computadora portátil y gran variedad de grabaciones de nuestras conferencias para que Kimberly las transcribiera y corrigiera dándoles una forma leíble. Dicho sea de paso, ella hizo todo el trabajo en el piso de arriba, con tres niños y un bebé merodeando por allí, mientras que Scott se refugiaba en una tranquila esquina del sótano completando su disertación doctoral: «Lazos de Familia por Alianza». Por admisión propia, con su ausencia como autor, Scott asume responsabilidad por cualquier ambigüedad que quede.

G. K. Chesterton dijo, «Si *de verdad* vale la pena hacer algo...vale la pena hacerlo aunque resulte mal». Esto nos da una razón para —y nos proporciona consuelo por— arriesgarnos a compartir en impreso nuestro testimonio durante este tan ocupado tiempo de nuestras vidas.

Scott y Kimberly Hahn
Fiesta de San Pedro y San Pablo
Junio 29, 1993

Introducción

Agradecemos a Dios por la gracia de nuestra conversión a Jesucristo y a la Iglesia católica que Él fundó; porque es sólo por la asombrosa gracia de Dios que pudimos haber encontrado el camino a casa.

Yo, Scott, le doy gracias a Dios por Kimberly, la segunda más asombrosa gracia de mi vida. Ella es la que Dios usó para revelarme la realidad de su familia de alianza; y mientras yo quedo encantado con la teoría, Kimberly la pone en práctica alegremente, siendo el canal para las terceras más asombrosas gracias de Dios: Michael, Gabriel, Hannah y Jeremiah. El Señor ha usado estas gracias para ayudar a este inepto detective bíblico (el «Columbo de la Teología») a solucionar el «caso» del catolicismo —regresando a casa.

En verdad, el camino comenzó como una trama de detective, pero pronto se convirtió más en una historia de horror, hasta finalmente acabar en un gran romance —cuando Cristo quitó el velo de su Esposa, la Iglesia. (Dicho sea de paso, le será útil al lector mantener presente estos tres tipos de relato a través de la lectura.)

Yo, Kimberly, le doy gracias a Dios por mi amado esposo, Scott. Él ha tomado en serio el llamado de Dios de nutrirme con la Palabra de Dios y de quererme por la gracia de Dios (Ef 5,29). Él preparó el camino para que nuestra familia fuera recibida en la Iglesia con la entrega de su vida —educación, sueños, carrera— por nosotros, porque siguió a Cristo sin importarle el costo. Como pasó con el peregrinar de Scott, el mío cambiaba de tono y color a medida que avanzaba, como el cambiar de las estaciones. ¡Qué poco sabía yo lo largo que sería el paso de verano a primavera!

De la Cuna a Cristo

Scott:

Soy el más joven de tres niños nacidos a Molly Lou y Fred Hahn. Bautizado como presbiteriano, me crié en un hogar protestante de nombre. La iglesia y la religión desempeñaban un papel poco importante para mí y para mi familia, y ésto sólo por razones sociales más que por alguna convicción profunda.

Recuerdo la última vez que asistí a la iglesia de mi familia. El ministro estaba predicando todo respecto de sus dudas sobre el nacimiento virginal de Jesús y su resurrección corporal. Me paré en medio del sermón y me salí. Recuerdo haber pensado: No estoy seguro de lo que creo, pero al menos soy lo suficientemente honesto para no ponerme a atacar las cosas que se supone tengo que defender. También me preguntaba, ¿por qué ese hombre simplemente no dejaba su ministerio en la iglesia presbiteriana y se iba donde sea que compartieran sus creencias? Poco sabía que acababa de presenciar un presagio de mi propio futuro.

Hiciera lo que hiciera, lo hacía con pasión, estuviera o no en lo cierto. Como un quinceañero típico, perdí todo interés en la iglesia y me empecé a interesar mucho en el mundo. A consecuencia de esto, pronto me encontré en grandes problemas; catalogado como delincuente, tuve que aparecer en la corte juvenil. Ante una sentencia de un año en un centro de detención por una serie de cargos, apenas me las pude arreglar para que me cambiaran la sentencia por seis meses de libertad condicionada. A diferencia de mi mejor amigo, Dave, yo estaba asustado de dónde las cosas iban a parar. Sabía que esto tenía que cambiar. Mi vida iba con rapidez cuesta abajo, y no tenía cómo controlarme.

Noté que Dave era un despreocupado. Sabía que era católico, pero cuando alardeó de mentirle al sacerdote en la confesión, pensé que ya había oído demasiado. ¡Y hablan de hipocresía! Todo lo que pude decir fue, «Dave, qué alegre me hace el saber que nunca tendré que confesar mis pecados a un sacerdote». ¡Qué poco sabía yo!

Durante mi primer año de secundaria el Señor trajo a mi vida un estudiante universitario llamado Jack. El era un líder en Young Life, un ministerio de iglesia fundado para compartir el evangelio con muchachos duros, sin religión, como yo y mis amigos. Jack se hizo muy amigo mío, y nuestra relación significó mucho para mí. Acostumbraba jugar al basketbol y quedarse con nosotros después del colegio y luego llevarnos a casa en su camioneta.

Después de conocerme mejor, Jack me invitó a una reunión de Young Life. Educadamente le respondí, «Gracias, pero no… Gracias». No tenía ninguna intención de asistir a un encuentro religioso, aunque no se tratara de una iglesia.

Entonces Jack mencionó que una cierta muchacha llamada Kathy iba a venir. Debió haber sabido que Kathy era la muchacha que yo estaba tratando de cortejar en ese entonces; así es que le dije, «Lo pensaré». Entonces pasó a decirme que uno de los mejores guitarristas de Pittsburgh, un tal Walt, tocaba en sus reuniones y se quedaba después para improvisar con cualquier guitarrista interesado. Ese año, como Jack bien lo sabía, la guitarra se había convertido prácticamente en mi religión, desplazando actividades menos útiles. Por lo menos ahora tenía una excusa válida que ofrecer a mis amigos para asistir a Young Life.

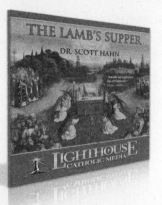
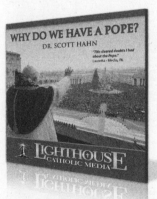

Así es que fuí. Hablé un rato con Kathy, e improvisé con Walt, que era de verdad asombroso con la guitarra. Incluso me enseñó algunas combinaciones. La siguiente semana fui de nuevo —y también la siguiente y la siguiente.

Cada semana Jack daba una plática en la que hacía que alguno de los relatos bíblicos cobrara vida. Luego, nos retaba con el mensaje básico del evangelio: todos éramos pecadores necesitando ser salvados, y Cristo murió en la cruz para pagar por nuestros pecados. Teníamos que optar por Él como nuestro Señor y Salvador personal para ser salvos; no era automático. Yo escuchaba, pero no estaba muy impresionado.

Más o menos un mes depués Jack me invitó a ir a un retiro. Le dije, «No gracias, tengo otros planes». Entonces me dijo que Kathy estaría ahí, todo el fin de semana. Hombre astuto. Mis «otros planes» podrían esperar.

El locutor del retiro presentó el evangelio de una manera simple pero a la vez desafiador. En la primera noche dijo: «Denle un buen vistazo a la cruz. Y si sienten la tentación de tomar sus pecados a la ligera, quiero que le den un vistazo largo e intenso». Me hizo darme cuenta por primera vez que, en efecto, mis pecados fueron los que pusieron a Cristo en la cruz.

La noche siguiente nos retó de otra manera. Nos dijo, «Si sienten la tentación de tomar el amor de Dios a la ligera, denle de nuevo un vistazo a la cruz, porque el amor de Dios es lo que envió a Cristo allí por ustedes». Hasta ese entonces yo había pensado en el amor de Dios como algo sentimental. Pero la cruz no tiene nada de sentimental.

El hombre entonces nos llamó a comprometernos con Cristo. Vi a un buen grupo de mis compañeros alrededor mío responder, pero yo me contuve. Pensé: No quiero dejarme llevar por la emoción. Esperaré. Si esta cosa es cierta hoy, lo será también en un mes. Así es que regresé a casa,

posponiendo toda decisión de comprometer mi vida con Cristo.

Había comprado dos libros durante el retiro. Una noche, un mes después, leí de un tirón: *Conozca por qué cree*, de Pablo Little, y algunas secciones de *Simple Cristianismo*, de C. S. Lewis. Estos libros respondieron a muchas de mis preguntas acerca de cosas como la evolución, la existencia de Dios, la posibilidad de los milagros, la Resurrección de Jesús y la veracidad de la Escritura. A eso de las dos de la mañana, apagué la luz, me di vuelta en la cama y recé: «Señor Jesús, soy un pecador. Creo que moriste para salvarme. Quiero darte mi vida ahora mismo. Amén».

Me dormí. No hubo coros angélicos, ni trompetazos o siquiera una descarga de emociones. Todo pareció tan irrelevante… Pero a la mañana siguiente, cuando vi los dos libros, recordé mi decisión y mi oración. Me di cuenta de que algo había cambiado.

Mis amigos también notaron alguna diferencia. Mi mejor amigo, Dave, que era uno de los muchachos más populares del colegio, se enteró de que yo ya no quería fumar más droga. Me llevó aparte y me dijo: «Scott, no quiero ofenderte, pero no queremos que te sigas juntando con nosotros. Yo y los otros creemos que eres un narco». Le dije, «Vamos, Dave, tú sabes que no soy un narco».

«Bueno…, no sabemos qué eres, pero has cambiado, y no queremos tener nada más que ver contigo. Que te vaya bien». Y se fueron.

Me quedé aturdido. Apenas un mes después de haberme comprometido con Cristo, me encontraba solo, sin un amigo en la escuela. Me sentí traicionado. Me dirigí a Dios y dije, «Señor, te di mi vida y tú te has llevado a mis amigos. ¿Qué clase de trato es este?»

Aunque no lo podía saber en ese entonces, Dios me estaba llamando a sacrificar algo que se oponía a mi relación

con Él. Fue duro y lento, pero a lo largo de los siguientes dos años establecí amistades verdaderas y sinceras.

Antes de terminar mi segundo año de secundaria, experimenté el poder transformador de la gracia Dios por la conversión. Durante el siguiente año experimenté una efusión especial del Espíritu Santo en una manera personal y transformadora de mi vida. Como resultado, llegué a tener un hambre insaciable por la Escritura. Me enamoré como loco de la Palabra de Dios —la guía inerrante, infalible, para nuestra vida como cristianos— y del estudio de la teología.

Me dediqué los últimos dos años de la secundaria a tocar la guitarra y a estudiar la Escritura. Jack y su amigo Art me enseñaron la Escritura. Art incluso me llevó a algunas de sus clases de seminario con el Doctor John Gerstner en mi año final.

Decidí que los personajes de la historia cristiana que más me atraían —de los que Jack y Art siempre hablaban— eran los grandes reformadores protestantes Martín Lutero y Juan Calvino. Comencé a estudiar cómo Martín Lutero redescubrió el evangelio —así pensaba yo— separándose completamente de la Iglesia católica. Comencé a devorar sus obras.

A consecuencia, me fortalecí en mis convicciones anticatólicas. Estaba tan firmemente convencido, que para la clase de literatura inglesa de la Señorita Dengler en la secundaria decidí escribir mi tema de investigación sobre las doctrinas de Lutero. Esto resultó en que yo adoptara la misión de corregir y liberar a los católicos encadenados al antibíblico legalismo de la justificación por las obras. Lutero me había convencido de que los católicos creían que se podían salvar por sus obras, pero que la Biblia enseñaba la justificación por la fe sola, o *sola fide*.

En una ocasión Lutero declaró desde el púlpito que él

podía cometer adulterio cien veces en un día y que esto no afectaría su justificación ante Dios. Obviamente, ésta era una figura retórica, pero me impactó mucho. Y la compartí con muchos de mis amigos católicos.

No hay por qué negarlo: el anti-catolicismo puede ser una cosa muy razonable. Si la hostia que los católicos adoran no es Cristo (y yo estaba convencido de que no lo era), entonces es idolatría y blasfemia hacer lo que hacen los católicos al arrodillarse y adorar la Eucaristía. Estaba convencido de esto, e hice todo lo que pude para compartirlo. Por favor comprendan que mi ardiente anticatolicismo brotaba del celo por Dios y de un deseo caritativo de ayudar a los católicos a hacerse cristianos. Y de hecho, los católicos eran los que podían ganarme bebiendo y diciendo palabrotas antes de que yo me hiciera cristiano; así es que yo sabía cuánta ayuda necesitaban.

Estaba saliendo en ese entonces con una muchacha católica. La introduje a un libro considerado la biblia del anticatolicismo —un libro que, estoy hoy convencido, está lleno de descripciones engañosas y mentiras sobre la iglesia— de título *Catolicismo Romano* (*Roman Catholicism*), de Lorraine Boettner. Mi novia lo leyó y luego me escribió agradeciéndome y diciendo que nunca volvería a ir a misa. Más adelante repartí copias de este libro a muchos otros amigos. Con toda sinceridad y ceguera, le daba gracias a Dios de poder ser usado de esa manera.

Mi abuelita Hahn era la única católica en la familia. Era una discreta, humilde y santa mujer. Dado que yo era el único miembro «religioso» de la familia, mi padre me dió sus artículos religiosos cuando ella murió. Los contemplé con repugnancia y horror. Cogí el Rosario entre mis manos y lo destruí diciendo, «Dios, líbrala de las cadenas del catolicismo que la han aprisionado». También rompí sus libros de oración y los tiré a la basura, esperando que esta

superstición sin sentido no hubiese atrapado su alma. Me
habían enseñado a ver estas cosas como un exceso de equi-
paje inventado por lo hombres para complicar un evangelio
salvador y muy simple. (No tengo el menor orgullo de haber hecho estas cosas, pero las comparto para hacer ver que
tan profunda y sinceramente los cristianos «de Biblia» man-
tienen sus convicciones anticatólicas. Yo no era anticatólico
por fanatismo malhumorado —era anticatólico por convicción.

Un episodio reforzó esto. Al final de mi último año de
secundaria, iba un día en camino a la escuela para un ensayo, cuando pasé por la casa de Dave, el que había sido mi
mejor amigo. Su luz estaba prendida y pensé, debo parar y
por lo menos decirle adiós antes de que me gradúe y me
vaya a la universidad. Casi no lo había visto en el último par
de años.

Toqué el timbre, y la madre de Dave vino a la puerta,
invitándome a pasar. Creo que había oído que me había
vuelto religioso; se alegró mucho de verme. Mientras en-
traba, Dave bajaba por la escalera poniéndose su abrigo. Al
verme, se detuvo repentinamente.

«¿¡Scott!?»

«¿Dave?»

«Ven, sube».

Al principio resultó incómodo; pero luego comenzamos
a hablar y hablar. Estuvimos riéndonos y compartiendo,
como en los viejos tiempos. Lo que parecían quince minutos resultaron siendo más de dos horas. ¡Nunca llegué a mi
ensayo! Mientras lamentaba esto, le dije repentinamente:
«Pero, espera… Te habías puesto tu abrigo… Lo siento!…
Creo que yo también te estropeé algún plan».

De repente su aspecto cambió. «¿Por qué viniste aquí
esta noche?»

«Sólo para decirte adiós y que tengas una buena vida».

«Pero ¿por qué esta noche?»

«No lo se. Dime, ¿hice que faltaras a algo importante?»

Vi a este tipazo que había sido tan atlético, gracioso y popular, y su voz estaba temblando. «Cuando viniste, estaba a punto de ir a...» Metiendo la mano al bolsillo sacó una soga de dos metros con un nudo corredizo en un extremo. «Estaba saliendo para ahorcarme. Estuve trepado en un árbol en el viejo huerto de manzanos esta tarde, preparándome para hacerlo, cuando pasaron dos niñas. Y pensé: Mi vida ya está arruinada; ¿por qué arruinar las suyas? Así es que decidí hacerlo esta noche después de que oscureciera. Iba saliendo para allá cuando viniste».

Comenzó a llorar y me pidió que rezara por él. Nos dimos un abrazo y rogué por él en ese mismo momento. Saliendo de su casa, noté un crucifijo colgando en la pared al lado de la puerta principal. Pensé: Qué lástima que nunca haya oído el evangelio. Saliendo para caminar a casa, me puse a mirar las estrellas y le dije a Dios, «Señor, yo no sabía lo que iba a hacer, pero Tú sí, ¿no es así? Si puedes usar a alguien como yo para ayudar a un muchacho como Dave... heme aquí. Usame más, especialmente para ayudar a los católicos».

Kimberly:

Poco antes de que sonaran las campanas de Navidad de 1957, mi padre recibió la noticia que su primer descendiente había nacido: Kimberly Lorraine. Su corazón se llenó de gozo con el de mi madre.

Mis padres, Jerry y Patricia Kirk, me cubrieron de oraciones desde el primer momento en que supieron que estaba en camino hasta el día de hoy. Me alimentaron con la Palabra de Dios junto con mis guisantes y patatas. Me bau-

tizaron siendo bebé y me enseñaron la fe desde mis primeros momentos. Me dieron un buen ejemplo, siempre
aprendiendo del Señor y creciendo en la vida de fe. Su
amor mutuo y hacia el Señor proporcionaron un tremendo
fundamento para mi fe. ¡Qué patrimonio tan rico!

Pudieron decir con el salmista: «Cantaré por siempre el
firme amor de Yavé; tu misericordia, oh Señor. Y daré a
conocer por mi boca, de generación en generación, tu fidelidad» (Sal 89,1).

Porque amaba a mis padres, amaba al Dios que ellos
amaban. Porque creía en mis padres, creía en el Dios en el
que ellos creían: que El había hecho lo que ellos decían
que El había hecho. Creí que la Biblia era verídica porque
ellos decían que lo era. Y sin embargo, llega un momento
en el que cada uno de nosotros debe decidir si las exigen-
cias de Jesús sobre nuestras vidas son, de hecho, verdaderas.

Un día en el séptimo grado tuve la oportunidad de hacerlo por mi cuenta. Criada en una sólida familia cristiana,
yo era uno de esos niños «buenos» que no cometen muchos pecados grandes, externos, tanto como pecados de actitud y pensamiento. Los pecados de omisión tendían a ser
mayores que los pecados de comisión. Pero en aquel día
estaba muy consciente de cuánto le estaba fallando a Dios,
y estaba preparada para escuchar la prédica del Doctor
Lloyd Ogilvie.

Oí el evangelio de una manera que me tocó el corazón:
Dios me amaba y quería que yo viviese con Él y para Él,
pero mis pecados me separaban de Él, y esos pecados tenían
que ser perdonados para que yo estuviese cerca de Dios. Es
por eso que Jesús vino. Tuve que reconocer mi propia necesidad. Tuve que pedir perdón específicamente por esos
pecados—diciendo, «Jesús, se mi Salvador». Y tuve que decirle, «Quiero que estés en el trono de mi vida; Jesús, se mi
Señor». Ya no tomada de la mano de mis padres, tenía que

ser tomada fuertemente por la mano de mi Padre Celestial.

El ministro apenas acababa su «llamar testigos al altar» cuando yo ya me encontraba corriendo, bajando los escalones del balcón y por el pasillo para decir, «Sí, Jesús. Sí, te necesito. Sí, quiero que estés en el centro de mi vida».

El salmo 51,3 dice: «Apiádate de mí, ¡oh Dios!, según tu benignidad. Por tu gran misericordia borra mi iniquidad». Esa era mi oración.

Esta experiencia me llevó a una relación enteramente nueva con el Señor. Tenía deseos de conocer a mi fe como nunca antes. Quería ayunar—no porque me lo dijeran,—sino porque quería tener más de Dios que antes. Tenía hambre de la Palabra de Dios, de leerla, de estudiarla y de memorizarla. Y esperaba con ansia mi confimación que tendría lugar ese año, no sólo para compartir mi fe con los mayores de nuestra iglesia, sino también para comenzar a recibir la comunión. Cuando pensaba en acercarme a la mesa del Señor, lo comparaba con la experiencia que mi madre me daba día tras día en la cena: era el regreso al hogar después de las batallas del día; era una celebración de los unos para los otros; era un festín de amor servido con belleza y gracia. Poco sabía cuánto más ella preparaba mi corazón para mi futura recepción de la Eucaristía, que para la comunión presbiteriana.

Tuve oportunidades de vivir mi fe de nuevas maneras: dando continuo testimonio, llevando mi Biblia sobre mis demás libros, tanto para leerla como para dar lugar a conversaciones (dio resultado!), ayudando a iniciar grupos de oración en la mañana antes de las clases... A veces me comportaba insoportable. Pero los convertidos pueden ser así —y suelen ser más fructuosos muchas veces que los ecuánimes en la fe.

Crecí en el amor —dejando que Dios me amara de la manera que soy, amando a Dios de nuevas maneras y

aprendiendo cómo tratar a mis hermanos y hermanas en Cristo. Mis últimos dos años de secundaria estuvieron llenos de ministerios emocionantes: dirigiendo estudios bíblicos, evangelizando y cantando con un grupo cristiano juvenil llamado Young Folk, a la vez que animábamos servicios de adoración en iglesias locales y durante giras de verano. Todo esto me ayudó a establecerme en un fuerte grupo de compañeros cristianos.

Tuve difíciles pero estimulantes luchas en la secundaria pública. Solía compartir mi fe y ser atacada por alumnos y profesores. Luego volvería a casa y mis padres me animarían, dándome más Escritura para regresar a la lucha. Parecía que estaba viviendo lo que significa mi nombre—Kimberly quiere decir «doncella guerrera» en gaélico—. Debo admitir que en verdad disfruté mucho de esas confrontaciones. Me preguntaba si una universidad cristiana acarrearía tantos retos.

La familia Kirk, 1962. Kimberly está sentada sobre su madre.

Mayo, 1979. Día de graduación. Grove City College,
Grove City, Pennsylvania.

Del Ministerio al Matrimonio

Scott:

El verano antes de ir a la universidad, hice una gira por los Estados Unidos, Escocia, Inglaterra y Holanda, tocando guitarra en un grupo musical cristiano «Los Continentals». Ya al final, me había saciado lo suficiente de la guitarra y la música como para concentrarme en la Escritura y la teología en la universidad.

Mis cuatro años en Grove City College pasaron tan rápido como un remolino. Me gradué con especializaciones en teología, filosofía y economía —añadí esta última para satisfacer el carácter más práctico de mi padre, que estaba pagando la cuenta. Además me involucré en la rama local de Young Life. Quería devolverle a Dios el favor de haber usado a Young Life para llevarme al evangelio. Así es que trabajé en esa organización los cuatro años de mis estudios, evangelizando y disciplinando a muchachos de secundaria en la fe, tal y como yo la había recibido.

Quisiera compartir una historia que muestra el celo que me motivaba a compartir el evangelio con los que no conocían a Cristo.

Un conocido mío me habló del Doctor Francis Schaeffer, un gran catedrático cristiano con el que él estaba estudiando en Europa. El Doctor Schaeffer decidió tomarse un fin de semana para visitar París con un par de sus alumnos. Una noche, mientras paseaban por las calles, vieron a una prostituta parada en una esquina. Los alumnos horrorizados observaron a su mentor acercarse a la mujer.

Le preguntó, «¿Cuánto cobra?»

«Cincuenta dólares.»

La vio de arriba a abajo y dijo, «No, es demasiado poco.»

«Ah, sí, para los americanos son ciento cincuenta dólares.»

Pero él insistió de nuevo: «Es aún muy poco».

Ella respondió rápidamente, «Ah, claro, la tarifa de fin de semana para los americanos es de quinientos dólares».

«No, incluso eso es aún demasiado barato».

Para ese entonces la mujer estaba ya algo irritada. Dijo, «¿Cuánto valgo para usted?»

El respondió, «Señora, nunca podría pagar lo que vale usted, pero déjeme hablarle de alguien que ya lo ha hecho».

Los dos hombres vieron cómo su mentor —en ese mismo momento y lugar —se arrodilló con ella en la acera y la guió en una oración a comprometer su vida a Cristo.

Ése era el tipo de celo que en Young Life teníamos para compartir el evangelio; y de ninguna manera no podía comprender porqué a tantas iglesias principales ni siquiera parecía importarles.

Adrede me dedicaba a los católicos por compasión de sus errores y supersticiones. Cuando dirigía estudios de la Biblia para muchachos de secundaria, estratégicamente dirigía mi plática para llegar a los muchachos católicos, que me parecían tan perdidos y confusos. Lo que en especial me alarmaba era su ignorancia, no sólo de la Biblia sino de las ensñanzas de su propia iglesia. Por algún motivo, ni siquiera sabían los puntos básicos del catecismo. Me dio la impresión que los estaban tratando como conejillos de la India en sus propios programas de catequesis. A consecuencia, hacerles ver los «errores» de su iglesia era tan fácil como dispararle a patos metidos en un barril.

De regreso en la residencia universitaria, algunos de mis amigos empezaron a hablar sobre el ser «rebautizados».

Todos estábamos creciendo juntos rápidamente en la fe y todos estabamos asistiendo a una congregación local. El ministro —un orador cautivador— estaba enseñando que aquellos de nosotros que fuimos bautizados de niños, nunca fuimos *verdaderamente* bautizados. Mis amigos parecían seguirlo en todo lo que decía. Al día siguiente nos habíamos reunido para acordar la fecha en la que nos «sumergiríamos de verdad.»

Tomé la palabra. «¿No creen que deberíamos estudiar la Biblia nosotros mismos para asegurarnos de que está en lo correcto?»

Parecía que no me escuchaban. «¿Cuál es el problema con lo que dice, Scott? Después de todo, ¿te acuerdas de tu bautismo? ¿De qué le vale el bautismo a los bebés, si al fin de cuentas no pueden creer?»

No estaba seguro. Pero sabía que la respuesta no era jugar a «seguir al líder» —basar mis creencias simplemente en sentimientos, como ellos parecían hacerlo. Así es que les dije, «No sé lo que harán ustedes, pero yo voy a estudiar la Biblia un poco más antes de precipitadamente lanzarme a bautizarme de nuevo».

La semana siguiente se «rebautizaron».

Mientras tanto, fui a ver a uno de mis profesores de Biblia y le dije lo que estaba pasando. No quiso darme su opinión. En cambio me instó a que estudiase el tema más a fondo: «Scott, ¿por qué no tomas el tema del bautismo de niños en tu trabajo de investigación escrito para mi clase?»

Quedé en un aprieto.

Para ser honesto, no quería estudiar el tema *tanto*. Pero supongo que el Señor sabía que necesitaba un pequeño empujón. Así es que durante los meses siguientes leí todo lo que pude encontrar al respecto.

Para este entonces en mi vida cristiana, ya había leído la

Biblia tres o cuatro veces. En base a mi lectura, estaba convencido de que la clave para comprender la Biblia era la idea de la «Alianza». Está en cada página —y Dios establece una en cada época!

Estudiar la Alianza me dejó en claro una cosa: Por dos mil años, desde el tiempo de Abrahán hasta la venida de Cristo, Dios le enseñó a su pueblo que quería que sus recién nacidos estuvieran en alianza con Él. La forma de hacer esto era sencilla: darles el signo de la Alianza.

Claro, en el Antiguo Testamento el signo de entrada a la Alianza con Dios era la circuncisión; mientras que Cristo cambió este signo por el bautismo en el Nuevo Testamento. Pero en ningún lugar encontré a Cristo anunciando que, de ahora en adelante, los recién nacidos tendrían que permanecer fuera de la Alianza.

De hecho, lo encontré diciendo prácticamente lo opuesto: «Dejad que los niños vengan a mí y no se lo impidáis, porque de los tales es el reino de los cielos» (Mt 19,14).

También encontré a los apóstoles imitándolo. Por ejemplo, en Pentecostés, cuando Pedro acabó su primer sermón, él llamó a todos a aceptar a Cristo, entrando en la Nueva Alianza: «Arrepentíos y bautizaos en el nombre de Jesucristo para remisión de vuestros pecados, y recibiréis el don del Espíritu Santo. Porque para vosotros es esta promesa *y para vuestros hijos…*» (He 2,38–39).

En otras palabras, Dios aún quería que los niños estuvieran en Alianza con Él. Y puesto que el Nuevo Testamento daba sólo el bautismo como el signo para entrar en la Nueva Alianza, ¿por qué no deberían ser bautizados los recién nacidos de los creyentes? No era, pues, una sorpresa —como descubrí en mi investigación— el que la Iglesia practicase el bautismo de los niños desde el comienzo.

Llevé a mis amigos los resultados de mi investigación bíblica. No quisieron oir de ello, y mucho menos discutirlo.

De hecho, sentí que no les había gustado ni tan solo mi idea de estudiar el tema.

Hice dos descubrimientos ese día: Por un lado, me dí cuenta que muchos llamados «cristianos de Biblia» prefieren basar sus creencias en sentimientos, sin rezar ni estudiar detenidamente la Escritura. Por otro lado, descubrí que la alianza era *verdaderamente* la clave para comprender la totalidad de la Biblia.

Decidí entonces, en mi primer año de estudios universitarios, que la alianza sería el enfoque de mis estudios en todos mis futuros trabajos escritos y proyectos. Y cumplí con mi cometido. De hecho, después de cuatro años de estudiar la alianza, me convencí de que era en verdad el tema dominante de toda la Biblia. La Escritura cobraba más y más sentido.

Al llegar a mi último año de estudios, tenía otra meta además de la de ir al seminario para seguir estudios superiores sobre la Escritura y la teología: casarme con la mujer más hermosa y espiritual en la universidad, la señorita Kimberly Kirk.

Ya la había reclutado como líder de Young Life. Por dos años, desempeñamos un ministerio lado a lado. Entonces le propuse matrimonio. Para gran alegría mía, aceptó.

Luego de graduarme de la universidad con los honores más altos en filosofía y teología, me mudé a Cincinnati para que pudiésemos pasar el verano preparándonos para el matrimonio. Con Kimberly Hahn a mi lado, estaba listo para enfrentar el futuro, a *toda máquina* hacia adelante.

Kimberly:

Me matriculé en la universidad de Grove City en 1975 para comenzar mis estudios en el programa de Artes de la

Comunicación. Había elegido una universidad cristiana, no buscando una tregua en las luchas que tanto habían fortalecido mi caminar con el Señor en los colegios públicos y secularizados, sino para crecer de una manera más profundamente emprendedora: ser hierro limando hierro con otros cristianos. Sin embargo, una vez en la universidad, el dilema en el que me hallé atascada fue la facilidad con la que podía dejar de crecer de una manera dinámica, porque la mayoría de la gente era cristiana o actuaba así. No estaba avanzando en mi relación con Cristo; esto quería decir que estaba retrocediendo, puesto que no era posible quedarse detenido.

El verano entre mi segundo y tercer año me encontré culpable en mi bajón espiritual. La pasaba muy bien en obras teatrales, en una hermandad de mujeres y clubes, pero, en verdad, no había crecido espiritualmente. Jesús no estaba pidiendo estar al centro de mi vida —me lo estaba exigiendo. Yo lo sabía, pero actuaba como si yo lo hubiese invitado a Él a mi vida, bajo mis términos, cuando fuese conveniente para mí. Sin embargo, Él era el que me invitaba a su vida. Tenía que encontrar un ministerio que de verdad me hiciera ponerme de rodillas, algo que fuera demasiado grande para que yo lo conquistara sola. Estaba en el punto de un ceder nuevo al Señor cuando regresé a la universidad de Grove City el tercer año.

Cuando regresé en el otoño me involucré en el Consejo de Orientación, y Scott era asistente de alumnos de una residencia universitaria. Por estos motivos, ambos tuvimos cargos con respecto al baile de los alumnos de primer año. Lo vi durante el baile, y pensé: Es demasiado guapo para que me acerque a hablar con él. Luego pensé, No, no lo es. Puedo acercármele para conversar.

Así es que me le acerqué y comencé a hablar con él. Casi inmediatamente me dijo, «¿Crees en la existencia de Dios?»

Pensé, Oh, Señor, este muchacho perdió su fe durante el verano. Dame palabras. Durante diez minutos, algo torpemente, le di mi explicación que en efecto, Dios existe. Finalmente le dije, «¿Crees tú que Dios existe?»

Y me dijo, «Oh, claro».

Sorprendida, dije, «¿Por qué me has estado examinando los últimos diez minutos?»

«Quería ver tu fibra», fue su respuesta. «¿Quieres ir a caminar un rato?»

Así es que salimos a pasear.

Compartí con él mi resolución que mis dos últimos años de estudios serían diferentes a los dos primeros porque participaría en algún tipo de ministerio que me retase a crecer espiritualmente. «¡Yo tengo el ministerio ideal para ti!» Scott me anunció. «¿Has oído hablar de Young Life?»

Sabía de Young Life porque mi padre había llegado a la fe en Cristo a través de Young Life en Colorado. Cuando mi papá asistió al seminario en Pittsburgh, trajo el ministerio de Young Life al área de Pittsburgh. Lo que yo no sabía era que el ministerio Young Life de Pittsburgh era el que había llevado a Scott a Cristo. Luego de esa experiencia, el había venido a la universidad para participar en el club local de Young Life para alumnos de secundaria y estaba muy interesado en reclutar muchachas líderes fuertes para ayudarle.

Scott lo describió. «Vamos a donde están los muchachos y pasamos el rato con ellos, los llevamos del colegio a sus casas, y los amamos tal y como son. Nos ganamos así el derecho a ser oídos, y entonces, en el momento correcto, compartimos a Cristo con ellos. Entonces hacemos discípulos de los muchachos que se han comprometido a Cristo. Somos muy exigentes en retarlos a lo que significa vivir para Cristo. Necesito muchachas líderes. ¿Quieres unirte a nosotros?»

Supe que era algo que sí me exigiría ponerme de rodillas. ¡Me entró un miedo de muerte! Aún así le dije: «De acuerdo. Es lo que debo hacer».

Los dos años siguientes servimos en el ministerio Young Life con algunos otros alumnos universitarios, lado a lado. Al principio me daba miedo ir a la escuela secundaria tan sólo para pasar el rato, pero queríamos hacernos amigos de los muchachos para compartir al Señor con ellos. Dios estaba de verdad con nosotros fortaleciéndonos; el fruto fue abundante.

Scott enseñaba a los líderes maneras eficaces de comunicar el evangelio y de disciplinar. Tocaba guitarra y daba muchas de las pláticas en nuestras reuniones semanales. Dirigía estudios de la Biblia tan desafiador para los muchachos que todos los líderes querían asistir. De hecho, tenía que disuadir a algunos líderes para que no viniesen, dado que la habitación estaba tan llena de estudiantes.

Scott y yo pasamos algún tiempo extra juntos justo después de que me reclutó. Comenzábamos a hablar durante el almuerzo y terminábamos después de la cena. Pasadas unas tres semanas en las que compartimos varias veces de una manera algo intensa, Scott me dijo, «Kimberly, disfruto mucho del tiempo que pasamos juntos. Pero si pasamos juntos más tiempo de esta manera, me voy a enamorar de ti. Y no tengo tiempo para enamorarme este año. Tal vez el año siguiente. Creo que debemos dejar de salir juntos.»

Me quedé sorprendida. Aquella, ciertamente, fue una manera muy creativa de romper nuestra relación. Me sentí desilusionada. Pero pensé que era el hombre más devoto con el que había salido, así es que le tomé la palabra de que no había otro motivo escondido por el que estuviera poniendo fin a lo nuestro. Dejamos de salir juntos, pero seguimos sirviendo en el ministerio juntos.

Young Life parecía encajar muy bien en mis planes de

estudiar para ser ministro, un sueño que había tenido desde el segundo grado. Mi papá me convenció por su vida que ser un pastor era el trabajo más apasionante del mundo. Venía a casa, día tras día, emocionado de poder compartir el evangelio para que la gente pudiera llegar a la fe en Cristo, aconsejando a parejas con problemas matrimoniales y viendo como sus matrimonios se recuperaban, enseñando y predicando la Palabra de Dios, y llevando consuelo a los que luchaban con la enfermedad y la muerte. Nada me parecía más maravilloso que imitarlo en el llamado a ser pastor. Yo creía tener muchos de los mismos dones que él; habilidades, impulsos y deseos similares para compartir el evangelio y hacer de otros discípulos de Jesucristo.

Entonces algunos buenos amigos, incluyendo Scott, comenzaron a retarme durante mi año de estudios, a ver si Dios de hecho me estaba llamando a ser ministro. Estuve de acuerdo con ellos de que si no había bases para ello en la Escritura, entonces Dios tenía planes diferentes para mí.

Fue muy difícil poner a prueba el sueño que había sido mío por tanto tiempo, y alterar ese sueño. Pero tuve que hacerlo, una vez que me convencí que la Escritura no apoyaba la ordenación de la mujer para ser pastor. Sin embargo, una vez que me convencí de ello, mi profundo deseo de ser ordenada disminuyó, y busqué otro camino en el que el Señor usase mis talentos y deseo de servirle.

Además de estar muy metida en Young Life, Scott y yo también disfrutábamos debatir temas de teología, a veces en discusiones algo fuertes. La Navidad de mi tercer año en la universidad, me encontraba en casa describiendo una de esas conversaciones a mi madre, y ella dijo, «Kimberly, me pregunto si no te casarás con este muchacho. Apostaría que sí».

«¡Casarme con él! ¡A duras penas puedo conversar con él de teología sin frustrarme!»

«Sí, pienso que seguramente te casarás con él». Ella nunca había dicho semejante cosa de ningún otro chico con el que yo había salido. Tomé a pecho sus palabras.

Aunque ya no estábamos saliendo juntos, Scott y yo establecimos una base muy sólida para un noviazgo futuro. Sin yo saberlo, Scott le dijo a algunas personas el verano antes de nuestro último año de estudios, que había decidido regresar a la universidad para cortejar y casarse con Kimberly Kirk. Hacia finales del verano, yo también tenía un profundo presentimiento de que él era el hombre para mí.

El 31 de septiembre, durante un fin de semana de entrenamiento de líderes de Young Life, comenzamos a vernos seriamente de nuevo. A través de nuestro ministerio común de Young Life, vimos cuánto podía prosperar la vida familiar por el ministerio, con los dos arando como un yunta. Yo apreciaba mucho la pasión de Scott por la verdad y su amor por la Palabra. Era un comunicador poderoso. Vidas cambiaban a medida que El Señor obraba a través de él. Y Scott me apreciaba y apreciaba cómo el Señor hacía uso de mí también.

Scott y yo nuevamente tuvimos largas charlas —compartiendo lo que habíamos estando pensando y estudiando. Nuestros sueños se complementaban mucho. Él aspiraba a ser ministro y profesor; yo, esposa de un ministro. Él quería ser escritor; a mí me gustaba escribir a máquina y corregir para la imprenta. A ambos nos gustaba dar pláticas. A pesar de que discutíamos de teología, teníamos una tremenda unidad en materia teológica, y esto nos hacía ver que, compartiendo tales convicciones, podíamos encaminarnos juntos con más fuerza de lo que podríamos hacerlo individualmente.

Llegado el 23 de enero nos comprometimos para casarnos el agosto siguiente. (¡Descubrimos recientemente que

la fecha de nuestro compromiso es la fecha en la que los Padres Estigmatinos celebran la fiesta del compromiso de María y José!) Poco antes de la graduación, me dí cuenta que no sabía si él quería tener una familia grande o no. Yo siempre había querido tener por lo menos cuatro o cinco niños. Así es que de manera casual le mencioné el tema, diciendo, «Tú quieres tener hijos, ¿no?»

«Bueno, no muchos».

Pensé: ¡Oh, no! Es un partidario del cero-crecimiento de la población! Aún procurando mantener un tono casual, le dije, «¿Cuántos no serían muchos?»

«No lo sé», me dijo. «Creo que debemos limitarnos a unos cinco o seis».

Casi no pude creer lo que oía. «Si, seamos moderados», le dije con una sonrisa.

Éste era un punto más en el que nuestro corazón y nuestra mente estaban unidos. Cada uno estaba maravillado por el don que Dios le había dado al otro. ¡Y pensar que las diferencias teológicas que teníamos estaban básicamente resueltas! Todo lo que quedaba por hacer era casarnos, ir al seminario y explorar la verdad que allí encontráramos. Entonces nos lanzaríamos a conquistar el mundo para Jesucristo. Por lo menos eso es lo que pensábamos.

El 18 de agosto de 1979, en Cincinnati, ante nuestras familias y más de quinientos amigos, establecimos la alianza de nuestro matrimonio para tener a Jesús en el centro de nuestra vida común. Teníamos suficientes sueños para que nos durasen toda una vida.

Boda de Scott y Kimberly. Agosto 18, 1979, en Cincinnati, Ohio.

Nuevo Concepto de la Alianza

Scott:

Kimberly y yo llegamos al Seminario Teológico Gordon-Conwell sólo dos semanas después de nuestra boda. Ambos estábamos firmemente convencidos de que la teología evangélica reformada era el cristianismo bíblico en su máxima expresión.

En esta etapa yo describiría mis estudios como un *cuento policiaco*. Investigaba las Escrituras para encontrar claves sobre el paradero del verdadero cristianismo: ¿Dónde se enseñaba y vivía la Biblia fielmente? Fuera en el lugar que fuera, sabía que Dios me quería allí —para dedicar mi vida a la enseñanza. Yo era un detective con mucho dinamismo, dispuesto a seguir la Escritura, no importándome a dónde me llevara.

Conocí y rápidamente me hice buen amigo de un compañero seminarista, Gerry Matatics (quien más tarde desempeñaría un papel importante en nuestra historia). Entre los alumnos presbiterianos, éramos los únicos lo suficientemente consistentes en nuestro anticatolicismo como para sostener que la Confesión de Westminster debería mantener una línea que la mayoría de los reformados estaban dispuestos a abandonar: el Papa es el Anticristo. Si bien Reformadores —Lutero, Calvino, Zwinglio, Knox y otros — discrepaban entre sí en muchas cosas, una convicción que todos compartían era que el Papa era el Anticristo y que la Iglesia de Roma era la ramera de Babilonia.

Cuando el Papa vino a Boston en 1979, muchos compañeros seminaristas dijeron, «¿No es un hombre maravilloso?» ¡Maravilloso! Afirma tener el poder de someter a cientos de millones de corazones y mentes como el supuestamente infalible maestro del universo. ¿Es eso maravilloso? ¡Es abominable! Gerry y yo nos esforzábamos en ayudar a nuestros hermanos en el seminario a ver cuán errada era esta noción.

Mi segundo año en el seminario fue el primero de Kimberly. Algo extraño ocurrió cuando tomó un curso de ética cristiana. Yo había tomado este curso antes, y por ello sabía que la clase se dividiría en pequeños grupos, para cada uno analizar un tema moral. Le pregunté a Kimberly qué tema había escogido.

Me dijo: «Los anticonceptivos».

«¡¿Los anticonceptivos?! También fue una opción el año pasado, pero nadie la eligió. De hecho, es un problema sólo para los católicos. ¿Por qué quisiste estudiar la anticoncepción?»

«Cada rato me encuentro con preguntas sobre el control de la natalidad cuando doy pláticas sobre el aborto. No sé porqué, pero es lo que pasa. Así que pensé que ésta sería una buena oportunidad de averiguar si la Biblia tiene algo que decir al respecto».

«Bueno, si quieres perder el tiempo estudiando un tema sin valor, es cosa tuya…!» Estaba sorprendido, pero no me preocupé. Después de todo, en realidad no había una manera correcta o incorrecta de ver los anticonceptivos. Poco sabía cuánto su estudio afectaría nuestras vidas.

Un par de semanas después un amigo me habló en el pasillo. «¿Has platicado con tu mujer sobre su estudio de los anticonceptivos?»

«No».

«Tal vez quieras hacerlo. Tiene ideas bastante interesantes al respecto».

Vida matrimonial en el seminario. Septiembre, 1981.

Dado el tema, pensé que sería mejor hablar con ella. Le pregunté a Kimberly qué había descubierto que era tan interesante sobre la anticoncepción. Me dijo que antes de 1930 había existido un testimonio unánime en todas las iglesias cristianas: la anticoncepción era mala en cualquier circunstancia.

Mi argumento fue éste: «Tal vez tomó todo este tiempo descartar los últimos vestigios del catolicismo».

Me cuestionó un poco más, «¿Pero sabes qué razones dan para oponerse al control de la natalidad? Tienen razones de más peso de las que crees».

Tuve que admitir que no conocía sus razones. Me preguntó si leería un libro al respecto. Me dio *El Control de la Natalidad y la Alianza Matrimonial*, de John Kippley (obra que luego fue revisada y retitulada *El Sexo y la Alianza Matrimonial*). Mi especialidad era la teología de la Alianza. Creía tener todos los libros con la palabra «alianza» en la portada, así que éste picó mi curiosidad.

Lo vi y pensé: ¿Editorial Litúrgica? ¡Este tipo es un Católico! ¡Un Papista! ¿Qué está haciendo plagiando la noción protestante de la Alianza? Me entró curiosidad de ver lo que diría. Me senté a leer el libro. Pensé: Algo está mal aquí. ¡No puede ser! Este hombre está en lo correcto. Estaba demostrando cómo el matrimonio no era un mero contrato, que conllevaba sólo un intercambio de bienes y servicios. Más bien, el matrimonio es una alianza, que lleva consigo una interrelación de personas.

El argumento de Kippley era que toda alianza tiene un acto por el cual se lleva a cabo y se renueva; y que el acto conyugal es un acto de alianza. Cuando la alianza matrimonial se renueva, Dios la usa para dar vida. Renovar la alianza matrimonial y usar control de natalidad para destruir el potencial de nueva vida sería equivalente a recibir la Eucaristía para escupirla en el suelo.

Kippley argumentaba que el acto conyugal demuestra el

poder dador de vida del amor en la alianza de una manera única. Toda otra alianza muestra el amor de Dios y transmite el amor de Dios, pero sólo en la alianza conyugal el amor es tan real y poderoso que comunica la vida.

Cuando Dios hizo al ser humano, varón y mujer, el primer mandamiento que les dio fue el de ser fecundos y multiplicarse. Eran así una imagen de Dios— Padre, Hijo y Espíritu Santo, tres en uno, la Divina Familia. De modo que cuando «los dos se hacen uno» en la alianza matrimonial, el «uno» que se hacen es tan real que ¡nueve meses después podrían tener que darle nombre! El hijo encarna la unidad de su alianza.

Comencé a ver que cada vez que Kimberly y yo realizábamos el acto conyugal realizábamos algo sagrado. Y cada vez que frustrábamos el poder de dar vida del amor por la anticoncepción, hacíamos una profanación. (El tratar algo sagrado de una forma meramente común, lo profana por definición.)

Estaba impresionado, pero no quise mostrar que lo estaba. Kimberly me preguntó qué pensaba del libro; le dije que estaba interesante. Entonces empecé a ver cómo ella convencía a mis amigos, uno por uno. ¡Algunos de los más inteligentes cambiaron de opinión!

Fue entonces que descubrí que todos los reformadores —Lutero, Calvino, Zwinglio, Knox, y todos los demás— hubieran mantenido la misma posición que la Iglesia católica mantiene en este tema.

Esto me perturbó. La Iglesia católica romana era la única «denominación» en todo el mundo con el valor y la integridad para enseñar esta verdad tan impopular. No sabía qué pensar. Así es que recurrí a un viejo dicho de familia: «Hasta un cerdo ciego puede encontrar una bellota». Es decir, después de dos mil años, hasta la Iglesia católica por fin daba en el clavo en algo.

Católico o no, esto era verdad. Así es que nos deshicimos de los anticonceptivos que estábamos usando, y comenzamos a confiar en el Señor de una nueva forma en nuestros planes familiares. Al inicio, usamos *planificación familiar natural* por unos meses. Luego decidimos estar abiertos a una vida nueva en cualquier momento que Dios quisiera darnos esa bendeción.

Organicé un grupo exclusivo de una docena de los mejores seminaristas calvinistas de Gordon-Conwell para un desayuno semanal donde nos reuníamos para hablar sobre diversos temas, invitando a profesores que compartieran sus opiniones y las discutiéramos. Fueron momentos de gran compañerismo y de estimulantes conversaciones. Le pusimos por nombre la Academia de Génova, en memoria de la escuela de Calvino en Génova.

A veces nos reuníamos los viernes por la noche, encontrándonos en un restaurante Howard Johnson's o en algún bar local para comer pizza y tomar cerveza y para discutir temas de teología hasta las tres de la mañana, con la promesa a nuestras esposas de sacarlas la noche siguiente. Por tres o cuatro horas profundizábamos en la Palabra de Dios, debatiendo doctrinas difíciles: la segunda venida de Cristo, los argumentos sobre la existencia de Dios, la predestinación, el libre albedrío y otros grandes misterios que los teólogos gustan mucho de explorar, especialmente la alianza.

El penetrar más profundamente en la Palabra de Dios significaba que cada uno lidiase cada vez más con los textos claves, por si mismo. Estábamos adquiriendo alguna habilidad con el griego y el hebreo. Para nosotros, la Biblia sola era la autoridad; por ello, el tener estas habilidades significaba el poder ir directo a la Escritura. Para nosotros, ninguna tradición era infalible o autoritativa. Podrían ser útiles, e incluso merecer confianza. Pero no eran infalibles; así es que podrían flaquear y caer en cualquier momento. En la

práctica, esto significaba que cada uno de nosotros, como individuos, repensásemos la doctrina desde sus bases. ¡Menuda labor!, pero éramos jóvenes, y por lo tanto creíamos que con el Espíritu Santo y la Sagrada Escritura podríamos reinventar de nuevo las ruedas, si fuese necesario.

En mi último año en el seminario, una crisis comenzó a fermentar dentro de mí. Mi investigación me estaba obligando a repensar el significado de la alianza.

En la tradición protestante, alianzas y contratos se entendían como dos palabras que describían la misma cosa. Pero estudiar el Antiguo Testamento me llevó a ver que, para los antiguos hebreos, las alianzas y los contratos eran muy diferentes. En la Escritura, los contratos implicaban simplemente el intercambio de propiedad, mientras que las alianzas implicaban el intercambio de personas, para formar lazos sagrados de familia. El parentesco, por lo tanto, se formaba por alianza. (Visto a la luz del Antiguo Testamento, el concepto de alianza no era ni teorético ni abstracto.) De hecho, el parentesco por alianza era más fuerte que el parentesco biológico; el significado más profundo de las alianzas divinas en el Antiguo Testamento es el afán paternal de Dios para hacer de Israel Su propia familia.

La Nueva Alianza que Cristo estableció con nosotros, por lo tanto, fue mucho más que un simple contrato o intercambio legal, por el cual él tomó nuestros pecados y nos dió su justicia, como Lutero y Calvino lo explicaron. Si bien cierta, esa explicación no reflejaba la plena verdad del evangelio.

Lo que descubrí fue que la Nueva Alianza estableció una nueva familia que abarcaba toda la humanidad, con la que Cristo compartió su propia filiación divina, haciéndonos hijos de Dios. Como acto de alianza, el ser justificado significaba compartir la gracia de Cristo como hijos e hijas de Dios; ser santificado significaba compartir la vida y el

poder del Espíritu santo. Bajo esta luz, la gracia de Dios se convertía en algo mucho más que un favor divino; era la vida misma de Dios dándonos divina filiación.

Lutero y Calvino explicaron esto exclusivamente en términos judiciales. Pero yo había comenzado a ver que, mucho más que simplemente un juez, Dios era nuestro Padre. Mucho más que simplemente criminales, nosotros éramos hijos fugitivos. Muchos más que en una corte judicial, Dios concertó la Nueva Alianza en una recámara familiar.

San Pablo (a quien yo había considerado el primer Lutero) enseñó en las Epístolas a los Romanos y a los Gálatas y en otros lugares, que la justificación era algo más que un decreto legal: nos establecía en Cristo como hijos de Dios solo por gracia. De hecho, descubrí que en ningún lugar San Pablo enseñó que éramos justificados por la fe *sola*. ¡*Sola fide* no era una doctrina de la Escritura!

Me entusiasmé muchísimo con este descubrimiento. Lo compartí con algunos amigos, que se maravillaron ante todo el lógico sentido que tenía. Uno de ellos se detuvo a preguntarme si sabía quién más estaba enseñando la justificación de esta manera. Cuando le respondí que no, me dijo que el Doctor Norman Shepherd, un profesor del Seminario Teológico de Westminster, (el seminario presbiteriano de más estricto calvinismo en los Estados Unidos) estaba por ser sometido a un juicio de herejía por enseñar la misma interpretación de la justificación que yo estaba exponiendo.

Así es que llamé al Profesor Shepherd y conversé con él. Me dijo que estaba siendo acusado de enseñar algo contrario a la enseñanza de la Escritura, de Lutero y de Calvino. Mientras le escuchaba describir lo que estaba enseñando pensé: Oye, eso *es* lo que yo estoy diciendo.

Ahora bien, para muchos esta podría no parecer una gran crisis; pero para alguien empapado en el protestantis

mo y convencido de que el cristianismo dependía de la doctrina de *sola fide* (*sólo por la fe*), esto significaba que el mundo se venía abajo.

Recordaba lo que uno de mis teólogos favoritos, el Doctor Gerstner, dijo una vez en clase: que si los protestantes estaban errados en lo de *sola fide* —y la Iglesia católica estaba en lo cierto enseñando que la justificación es por la fe *y* las obras— «Yo estaría de rodillas mañana por la mañana afuera del Vaticano haciendo penitencia». Todos sabíamos, por supuesto, que había dicho esto como un golpe retórico, pero realmente nos impactó. En efecto, toda la Reforma Protestante brotaba de este principio.

Lutero y Calvino dijeron frecuentemente que éste era el artículo sobre el cual la iglesia se levantaba o se caía. Para ellos, fue por esto que la Iglesia católica cayó y el protestantismo se levantó sobre las cenizas. *Sola fide* fue el principio material de la Reforma. Y yo estaba ahora llegando al convencimiento de que San Pablo nunca lo enseñó.

En Santiago 2,24, la Biblia enseña que «el hombre es justificado por las obras y no por la fe sola.» Además, San Pablo dijo en 1 Corintios 13,2, «...si tengo fe capaz de mover montañas, pero no tengo amor, no soy nada». Fue para mí una transformación traumática el reconocer y decir ahora que en este punto Lutero estaba fundamentalmente errado. Por siete años, Lutero había sido mi fuente principal de inspiración y de proclamación poderosa de la Palabra de Dios. Y esta doctrina había sido la razón fundamental de toda la Reforma Protestante.

Para ese entonces, tuve que suspender temporalmente mi investigación. Kimberly y yo estábamos haciendo planes para que yo siguiera estudios doctorales en la Universidad de Aberdeen, en Escocia, donde ya había sido aceptado como candidato para ese título, con enfoque en el tema de la alianza; eso fue hasta que descubrimos, para gran alegría

nuestra, que el Señor había bendecido nuestra actitud de recepción hacia la vida con nuestro primer hijo. Nuestro cambio teológico había producido un cambio en la anatomía de Kimberly. Pero en ese entonces, Margaret Thatcher hacía casi imposible que los americanos tuviesen bebés a costa de los contribuyentes británicos; así es que tomamos esto como una señal de que buscásemos trabajo en otro lugar, retrasando mis estudios doctorales por un tiempo.

Recibimos una llamada de una pequeña iglesia en Fairfax, Virginia, que estaba buscando un ministro. Cuando me presenté como candidato para la posición en la iglesia presbiteriana de la Trinidad, les hice saber mi punto de vista sobre la justificación: que había adoptado la posición del Doctor Shepherd. Lo comprendieron y me dijeron que ellos también. Así es que poco antes de mi graduación, acepté el pastorado en la iglesia de la Trinidad, y también la posición de profesor en su escuela secundaria, la Escuela Cristiana de Fairfax.

Por la gracia de Dios, me gradué a la cabeza de mi clase. Era hora de decirle adiós a algunos de los mejores amigos de mi vida —alumnos y profesores. Dios nos había bendecido con amistades muy profundas con hombres y mujeres muy comprometidos a abrir sus mentes y corazones a la Palabra de Dios. Kimberly y yo nos graduamos juntos; ella se graduó con el título de Maestría en Artes en Teología, mientras yo recibía el título de Maestría en Divinidad.

Kimberly:

Nuestro primer año en el seminario, Scott comenzó el programa de maestría estudiando los puntos sutiles de la teología con profesores que habían estado enseñando teología durante diez hasta cuarenta años. Mientras tanto, yo

era secretaria en un programa patrocinado por una donación para investigaciones de la universidad de Harvard, trabajando con gente que era de cualquier religión menos la cristiana, muchos de los cuales nunca habían oído el evangelio y nunca habían leído la Biblia en lo absoluto. Me cuestionaban casi diariamente sobre si es que Dios siquiera existía. El contraste era fuerte.

Después de un año, Scott y yo decidimos ponernos en el mismo carril y crecer juntos. Así es que, con el apoyo de Scott y la ayuda de mi familia, comencé los estudios de maestría durante el segundo año de Scott. Fue una rica experiencia el poder estudiar teología uno al lado del otro.

Uno de los primeros temas que abordé en un curso sobre ética cristiana, fue la anticoncepción. No había antes pensado que fuera un tema digno de estudio hasta que me involucré en actividades pro-vida. Por algún motivo, el tema del control de la natalidad se presentaba con frecuencia. Como protestantes, no conocía ninguna de nuestras amistades que no practicasen el control de la natalidad. Había sido orientada a practicar el control de la natalidad como parte de un comportamiento cristiano razonable y responsable. En la orientación pre-matrimonial, no nos habían preguntado si íbamos a usarlo o no, sino cuál medio usaríamos.

El grupo al que le tocaba estudiar la anticoncepción se reunió en la parte de atrás del salón brevemente el primer día. Un autonombrado líder nos dijo: «No tenemos que considerar la posición católica porque sólo hay dos razones por las que los católicos están opuestos a la anticoncepción: Número uno, porque el Papa no está casado, así es que no tiene que vivir con las consecuencias. Y número dos, ellos quieren tener todos los católicos que puedan en el mundo».

«¿Son ésas las razones que da la Iglesia católica?» Interrumpí. «No lo creo.»

«¿Entonces por qué no lo investigas?»

«Lo haré». Y lo hice.

En primer lugar, consideré la naturaleza de Dios y cómo nosotros como pareja casada estábamos llamados a ser su imagen. Dios —Padre, Hijo y Espíritu Santo— hizo al hombre y la mujer a imagen suya y los bendijo en la alianza matrimonial con el mandamiento de que fuesen fecundos y se multiplicasen, llenando la tierra y ejerciendo dominio sobre toda la creación, para gloria de Dios (Gén 1,26–28). La cabal imagen en la cual el hombre y la mujer fueron creados, es la unidad de las tres Personas de la Divinidad, quienes se entregan totalmente una a la otra en una plena autodonación de amor. Dios repitió este mandato de la creación en su alianza con Noé y su familia con el mismo mandamiento de ser fecundos y multiplicarse (Gén 9,1 ss.). Así es que la existencia del pecado no cambió el llamado a las parejas casadas a ser imágenes de Dios a través de la procreación.

San Pablo clarificó que, en el Nuevo Testamento, el matrimonio fue elevado a la categoría de imagen de la relación entre Cristo y la Iglesia. (Aún no tenía yo la menor idea de que el matrimonio es un sacramento.) Y por la misma fuerza dadora de vida del amor, Dios hacía a la pareja capaz de reflejar la imagen de Dios, haciendo que la unidad de los dos se convirtiera en tres. La pregunta que me hacía era, ¿si nuestro uso de la anticoncepción —que intencionalmente restringe el poder dador de vida del amor mientras uno disfruta la unidad y el placer que da el acto conyugal— permitía que mi esposo y yo reflejáramos la imagen de Dios en una mutua y plena autodonación de amor?

En segundo lugar, examiné lo que la Escritura decía sobre los niños. ¡El testimonio de la Palabra era arrollador! Cada versículo que hablaba sobre los niños hablaba de ellos siempre como una bendición (Sal 127; 128). No había proverbio alguno que advirtiera que los gastos que acarrea un

niño podrían sobrepasar su valor. No había ninguna bendición pronunciada sobre el hombre y la mujer que tuvieran perfecto espaciamiento entre hijos, o sobre la pareja que tuviera el número correcto de años sin niños antes de hacerse de la carga de los hijos, o sobre marido y mujer que planificaban cada concepción. Éstas eran ideas que yo había aprendido de los medios de comunicación social, de mi escuela pública y de mi vecindario, pero no tenían fundamento en la Palabra de Dios.

La fertilidad, en la Escritura, era presentada como algo que debía ser apreciado y celebrado, no como una enfermedad que debía ser evitada a toda costa. Y aunque no pude encontrar versículo alguno que hablase negativamente de la gente con familias pequeñas, no había duda de que las familias grandes mostraban una efusión de mayor favor de parte de Dios, según una variedad de pasajes. Dios era el que abría y cerraba el vientre, y, cuando daba la vida, ésto era visto sólo como una bendición. Después de todo, lo que Dios deseaba de los matrimonios fieles era una «prole piadosa» (Mal 2,15). Los niños eran descritos como «flechas en la mano de un guerrero,... bendito el hombre cuya aljaba está llena». ¡¿Quién iría a batalla con sólo dos o tres flechas, cuando podría ir con una aljaba llena?! La pregunta que me hacía era: Nuestro uso del control de la natalidad, ¿reflejaba el punto de vista de Dios sobre los niños o el punto de vista del mundo?

En tercer lugar, estaba el punto del señorío de Jesucristo. Como protestantes evangélicos, Scott y yo tomábamos el señorío de Cristo sobre nuestras vidas muy en serio. Monetariamente, pagábamos el diezmo regularmente, no importando cuán escasos estuviesen nuestros fondos, porque queríamos ser buenos administradores del dinero que Él había puesto bajo nuestro cuidado. Una y otra vez habíamos visto cómo el Señor suplía nuestras

necesidades más allá de lo que nosotros le habíamos dado. En términos de tiempo, observábamos siempre el Día del Señor, poniendo a un lado el estudio, que era nuestro trabajo, aunque tuviéramos exámenes al día siguiente. Muchas veces y en abundancia el Señor nos bendijo con ese día libre, y siempre obtuvimos la mejor nota en cada examen que tomamos los lunes. En términos de talentos, asumíamos que siempre debíamos estar disponibles a servir al Señor en el ministerio y alegremente añadíamos obras de servicio a nuestra carga de estudio. El ver vidas bendecidas como resultado de ese ministerio fortaleció nuestra fe y nuestro matrimonio enormemente.

¿Y nuestros cuerpos? ¿Nuestra fertilidad? ¿Se extendía el señorío de Cristo hasta allí? Leí entonces en 1 Corintios 6,19-20: «Vosotros no os pertenecéis. Habéis sido comprados a precio. Glorificad, pues, a Dios en vuestro cuerpo». Tal vez era una actitud más norteamericana que cristiana el pensar que nuestra fertilidad es algo que podemos controlar según nuestro parecer. La pregunta que me hice fue: Nuestro uso del control de la natalidad, ¿demostraba una fiel vivencia del señorío de Jesucristo?

En cuarto lugar, ¿cuál era la voluntad de Dios para Scott y para mí? Queríamos conocer y seguir la voluntad de Dios sobre nuestras vidas. Un pasaje de la Escritura que brindó materia útil para reflexionar fue Romanos 12,1-2:

> Os ruego, pues, hermanos, por la misericordia de Dios, que ofrezcáis vuestros cuerpos como hostia viva, santa, grata a Dios; éste es vuestro culto racional. Que no os conforméis a este siglo, sino que os transforméis por la renovación de la mente, para que sepáis discernir cuál es la voluntad de Dios, buena, grata y perfecta.

Pablo indicaba que una vida de sacrificio requería la misericordia de Dios. No se nos pedía vivir este tipo de vida por

nuestras propias fuerzas. Podíamos ofrecer nuestros cuerpos como un sacrificio de adoración: había una dimensión corporal de nuestra espiritualidad. Una de las claves para saber cómo sacrificarse de una manera consecuente con la voluntad de Dios era el diferenciar correctamente entre los mensajes del mundo y las verdades de Dios. Eso significaba que teníamos que renovar nuestra mente activamente en la Palabra de Dios. Y una buena parte de mi estudio sobre el tema de la anticoncepción me había llevado a hacer precisamente eso: meditar en los pasajes de la Escritura que presentaban una imagen diferente de la que el mundo parecía proclamar.

Scott y yo ya estábamos comprometidos el uno al otro, y estábamos comprometidos con el Señor. La pregunta era: ¿Podríamos confiar a Dios el planear el tamaño de nuestra familia y el espaciamiento de nuestros hijos? ¿Sabría Él lo que nosotros podíamos manejar económica, emocional y espiritualmente? ¿Tenía Él los recursos para hacer posible el que criásemos más niños de los que creíamos poder criar?

En el fondo sabía con qué estaba luchando: la soberanía de Dios. Sólo Dios conocía el futuro y cuál sería la mejor manera para que nosotros formásemos nuestra familia con la prole sagrada que Él tanto deseaba que nosotros tuviésemos. Él se había mostrado digno de confianza en otras incontables maneras. Sabía que podíamos confiar en que Él proveería la fe que necesitábamos para encomendarle esta parte de nuestra vida, para darnos la esperanza de que esta visión era parte de su plan para nosotros y para vertir su amor en nosotros y a través de nosotros a todas las preciosas almitas que quisiera encomendarnos. Y, después de todo, conocía a muchas parejas en el seminario que «planificaban» cuándo las criaturas vendrían, sólo para descubrir después que el calendario de Dios era diferente al de ellos. Necesitábamos confiar en Él en el área de nuestra fertilidad

de una manera radical, sin el uso del control de la natalidad. Yo estaba convencida; pero había dos personas en nuestro matrimonio, y tenía que exponerle estas inquietudes y preguntas a Scott.

Cuando Scott me preguntó una noche durante la cena cómo iba mi estudio de la anticoncepción, compartí con él tanto como pude. Le pedí entonces que leyera el libro de John Kippley *El Control de la Natalidad y la Alianza Matrimonial*. Scott vio el fundamento de mis argumentos en este libro; pero aún más, vio cómo Kippley aplicaba la idea de la Alianza al matrimonio para explicar porqué la anticoncepción era inmoral.

Kippley daba la siguiente comparación: Tal y como en la antigua decadente Roma, cuando la gente se daba un festín, y luego se disculpaban para ir a vomitar la comida que habían consumido (y evitar así las consecuencias de sus actos), también era este el caso de los matrimonios que se daban un festín en el acto conyugal sólo para luego frustrar el poder dador de vida del acto de renovación de su Alianza. Ambas acciones son contrarias a la ley natural y al pacto marital.

Desde la perspectiva de Kippley, que representaba a la Iglesia católica, el fin primario o propósito del matrimonio es la procreación de los hijos. Cuando una pareja intencionalmente frustra ese fin, está actuando en contra de la ley natural. Está trastornando la renovación de su propia alianza matrimonial, convirtiendo en una mentira su compromiso de entregarse totalmente el uno al otro.

Ahora comprendía por qué la Iglesia católica se oponía a la anticoncepción. Pero, ¿qué decir de la *planificación natural familiar*? ¿No era esto sencillamente la versión católica del control de la natalidad?

La Primera Epístola a los Corintios 7,4–5, habla de períodos de tiempo en los que los esposos podrían abstenerse

de relaciones sexuales para darse a la oración y luego reanudar sus relaciones no dejándole a Satanás una entrada en su matrimonio. Leyendo *Humanae Vitae*, llegué a apreciar el equilibrio de la Iglesia en lo que respecta a la anticoncepción. Existía una manera digna de llevar a cabo el acto conyugal y de ser prudentes en circunstancias graves, practicando la abstinencia durante períodos fértiles.

Así como con la comida podría haber lapsos en los que el ayuno sería útil; así podría haber lapsos en los que el «ayuno» del acto conyugal sería útil. Sin embargo, fuera de un milagro, uno no podría sobrevivir si ayunase la mayoría del tiempo. Así también, los medios de planificación familiar naturales eran presentados como una receta para momentos difíciles, no como una vitamina diaria para la salud general.

Un día en la biblioteca, después de haberle explicado todo esto a un compañero seminarista que aún era soltero, me cuestionó diciendo, «Entonces, Kimberly, ¿Scott y tú han dejado de usar control natal?»

«No, aún no».

«Da la impresión de que estás convencida de que el usarlo está mal».

Respondí con esta historia:

«¿Has oído de aquella vez cuando la gallina y el cerdo del granjero Brown estaban discutiendo cuán dichosos eran de tener un amo tan maravilloso?

— Creo que debemos hacer algo especial para el granjero Brown, dijo la gallina.

— ¿Qué tienes en mente? —preguntó el cerdo.

— Démosle un desayuno de jamón y huevos, dijo alegremente la gallina.

—Bueno —replicó el cerdo— eso no es problema para ti. Para ti es una donación. Para mí es un compromiso total.

Terry, voy a tomar tu desafío muy en serio; pero es

mucho más difícil para mí el arriesgarme a obedecer en este campo que para ti como hombre soltero».

Luego que me aseguró que rogaría por Scott y por mí, cada quien se fue a su casa. Cuando Scott y yo lo discutimos, él también estuvo de acuerdo en contra de los anticonceptivos; sin embargo, sugirió que tal vez debíamos simplemente guardarlos en el gabinete, en caso de que cambiásemos de parecer. Sentí que esto sería una tentación muy grande de abandonar nuestra convicción al respecto. Así es que juntos echamos los anticonceptivos a la basura, y comenzamos a vivir en un nuevo nivel de confianza en Dios respecto a nuestra vida y nuestra fertilidad.

Durante nuestros años en el seminario, Scott y yo tuvimos muchas oportunidades de estudiar la teología uno al lado del otro, animándonos, exhortándonos, y retándonos tanto el uno al otro como a nuestros amigos. Nuestros estudios de la Biblia en pequeños grupos con otras parejas fueron una gran fuente de bendiciones. Nuestra participación en el ministerio nos brindó un reto a aplicar lo que estábamos aprendiendo. Y muchas discusiones teológicas con compañeros de estudio, durante comidas en nuestro apartamento, animaban nuestra vida.

Cuando me hallaba con otras seminaristas, la discusión con frecuencia nos llevaba a contemplar el tipo de trabajo que cada una esperaba obtener una vez graduada. No muchas me apoyaban cuando les explicaba lo que quería hacer con mi título: si no quedaba encinta, estaría dispuesta a tomar una posición enseñando teología y desempeñando un ministerio al lado de Scott. Si caía encinta —lo que ansiaba sucediera pronto— usaría el conocimiento que había adquirido, para ser una mayor ayuda a Scott, para enseñar a nuestros hijos y para dirigir estudios bíblicos para mujeres.

Mis padres (que estaban cubriendo el costo de mis estudios) comprendían mi objetivo y me apoyaban mucho. No

les importaba que nunca obtuviese un cheque salarial con mi maestría. Veían mis estudios como una oportunidad de desarrollar mis dones para el Señor, y confiaban que el Señor me enseñaría como usarlos.

La mayor parte de nuestros estudios de teología no fueron tanto un reto a lo que creíamos (como en el caso de la anticoncepción), cuanto un profundizar nuestra comprensión del fundamento que ya había sido puesto en nuestra vida, con una notable excepción: si es o no es válido mantener que uno se justifica solamente por la fe.

Poco a poco nos llegamos a convencer de que Martín Lutero había dejado que sus convicciones teológicas contradijeran la misma Escritura a la cual supuestamente había decidido obedecer en lugar de la Iglesia católica. Él declaró que la persona no se justifica por la fe obrando en el amor, sino que es justificado solamente por la fe. Llegó incluso a añadir la palabra «solamente» despúes de la palabra «justificado» en su traducción alemana de Romanos 3,28 y llamó «una epístola falsificada» a la carta de Santiago, porque Santiago dice específicamente, «...no por la fe solamente se justifica el hombre».

Nuevamente, por mucho que nos extrañara, la Iglesia católica estaba en lo cierto en un punto clave: la justificación significaba ser hecho hijo de Dios y ser llamado a vivir la vida como un hijo de Dios a través de la fe obrando en el amor. Efesios 2,8–10 clarificaba que la fe —la cual debemos tener— era un don de Dios, no por nuestras obras, para que nadie se jactase; y que la fe nos hacía capaces de hacer las buenas obras que Dios había planeado que hiciésemos. La fe era al mismo tiempo un don de Dios y nuestra respuesta obediente a la misericordia de Dios. Ambos, protestantes y católicos, podían aceptar que la salvación era solamente por la gracia.

No me hallaba en ese entonces sumergida en la teología

de la Reforma, así es que el cambio en la manera de entender la justificación no me parecio tan decisivo. Era importante comprenderla, pero me pareció que todos podrían estar de acuerdo en que nos salvamos solamente por la gracia a través de la fe obrando en el amor. Y si hubiese tenido suficiente tiempo para explicar por qué creía esto, ninguno de mis amigos me habría tildado de católica en ese entonces. Sin embargo, para Scott, este cambio de dirección teológico fue, en efecto, un cambio sísmico que más adelante tuvo implicaciones mayores para nuestra vida.

Acercándonos ya al final de nuestro último año en Gordon-Conwell, descubrimos que el Señor nos había (al fin) bendecido con un niño. A pesar de que esto alteró nuestros planes de ir a Escocia a estudiar, estábamos felices en saber que el plan de Dios incluía a este niño en nuestras vidas. Ahora sabía que lo que había llegado a poseer en la mente y el corazón durante nuestro tiempo en el seminario lo podría aplicar en la enseñanza del pequeño que llevaba bajo mi corazón. Tuve un profundísimo sentido de realización en poder avanzar en mi vocación matrimonial hacia la maternidad. Después de la graduación, Scott y yo nos sentimos enviados a hacer la voluntad de Dios con aquéllos a quienes nos llamaba a servir en Virginia.

4

Enseñando y Viviendo la Alianza
como Familia

Scott:

Empecé un ministerio pastoral en Virginia, predicando un promedio de cuarenta y cinco minutos cada domingo, además de dirigir dos estudios bíblicos semanales. Esto es lo que los ancianos de la iglesia habían pedido. Empecé predicando sobre la carta a los Hebreos porque ningún otro libro del Nuevo Testamento enfatiza más la idea de la alianza. La congregación que yo estaba pastoreando se entusiasmó mucho con la idea de la alianza como familia de Dios.

Mientras más la estudiaba, más sorprendido quedaba yo con lo que encontraba, porque esta epístola era considerada por protestantes que yo conocía, y con los cuales estaba de acuerdo, como la epístola más anticatólica del Nuevo Testamento. Expresiones como: «único y perenne sacrificio» y otras por el estilo que aparecen en Hebreos, nos llevaban a esta conclusión.

Fui educado bajo el supuesto de que «si algo es Romano (entendiéndose Católico Romano), debe ser erróneo». Mas, de hecho, estaba empezando a ver cuán importante era la liturgia para la alianza, especialmente en Hebreos. La liturgia representaba la forma en que Dios engendraba su familia de la alianza y renovaba esta alianza periódicamente. Tenía ansia de compartir esto que yo consideraba como unos nuevos descubrimientos.

Quería ver a la gente enardecida por el Antiguo Testamento en su relación con el Nuevo: el Antiguo desembocando en el Nuevo, y la Iglesia del Nuevo Testamento como el cumplimiento, más que el abandono, del Antiguo. Mientras profundizaba en mi estudio, empecé a notar ¿que? ciertas inquietantes pautas empezaron a emerger: las novedosas ideas que yo creía haber descubierto, habían ya sido predichas por los primeros Padres de la Iglesia.

Me sentí sacudido por semejante experiencia una y otra vez. Empecé a preguntarme si no estaba yo «reinventando la rueda».

Al compartir estos «nuevos descubrimientos» acerca de la familia de alianza de Dios y el culto rendido por sus hijos, mis parroquianos se entusiasmaban más y más. Los ancianos incluso me pidieron que revisara nuestra liturgia. ¿Nuestra liturgia…?, pensé. Los episcopalianos eran los que hablaban de «liturgia»… Los presbiterianos tenemos más bien el «Orden del Culto». Pero los ancianos me habían pedido que revisase la liturgia para acomodarla más al modelo bíblico, así que empecé a estudiar esto.

Les presenté algunas consideraciones: ¿Por qué nuestra iglesia está tan centrada en el pastor? ¿Por qué nuestros servicios de culto eran tan centrados en el sermón? ¿Y por qué mis sermones no se orientaban más a preparar al Pueblo de Dios para recibir la comunión?

Yo les había hecho ver a mis parroquianos que el único lugar en que Cristo usó la palabra «alianza» fue cuando Él instituyó la Eucaristía o la comunión, como nosotros la llamábamos. Y sin embargo, nosotros sólo recibíamos la comunión cuatro veces al año. Aunque al principio nos pareció extraño a todos, le propuse al consejo de ancianos la idea de la comunión semanal.

Uno de ellos me replicó: «Scott, ¿no piensas que celebrar la comunión cada semana podría convertirla en una

rutina? Al final, la familiaridad podría engendrar menosprecio».

«Dick, hemos visto que la comunión significa la renovación de nuestra alianza con Cristo, ¿correcto?»

«Correcto».

«Pues entonces, déjame preguntarte lo siguiente: ¿preferirías renovar tu alianza matrimonial con tu esposa solamente cuatro veces al año?... Después de todo, esto podría convertirse en pura rutina, y la rutina podría engendrar menosprecio...».

Se rió a carcajadas: «Ahora capto tu idea».

La comunión semanal fue aprobada por unanimidad. Incluso empezamos a referirnos a ella como la Eucaristía (*eucharistia*), tomando el uso del vocabulario griego en el Nuevo Testamento y en los Primeros Padres.

Celebrar la comunión cada semana se convirtió en el punto culminante del servicio de culto de nuestra iglesia. Y esto cambió también nuestra vida como congregación. Empezamos a tener un almuerzo informal después del culto, para mayor compañerismo, para discutir el sermón, y para compartir en oración nuestros problemas. Habíamos empezado a practicar la comunión y a vivirla también. Era emocionante. Todo ésto trajo un verdadero sentido de culto y comunidad.

A continuación llevé a mis parroquianos a lo largo del Evangelio de Juan, y para mi gran desconcierto, descubrí que este Evangelio estaba cargado de imágenes sacramentales.

Mientras investigaba, me vino a la mente una conversación que había tenido unos dos años atrás en el seminario con un buen amigo. Una mañana se nos acercó a mi mujer y a mí en el corredor, y dijo: «He estado estudiando la liturgia. Es apasionante!»

Recuerdo lo que le contesté a George: «Lo único que me aburre más que la liturgia, son los sacramentos». Esa era

mi actitud en el seminario, porque la liturgia y los sacramentos no entraban en nuestro estudio. No teníamos antecendentes de ellos; no eran cosas que leyéramos en nuestros textos, hacia las cuales pudiéramos estar abiertos. Pero el analizar la Carta a los Hebreos y el Evangelio de Juan me hizo ver que la liturgia y los sacramentos eran una parte esencial de la vida de la familia de Dios.

A partir de este punto, la historia de detective se fue convirtiendo gradualmente en una historia de terror. De repente, la Iglesia católica romana a la que yo me oponía, empezaba a proporcionar las respuestas correctas, una tras otra, para mi gran desconcierto y frustración. Después de algunos casos más, la cosa empezó a ser escalofriante.

Durante la semana, yo enseñaba sobre la Escritura en una secundaria cristiana, explicando todo lo referente a la alianza como familia de Dios, y mis estudiantes lo estaban captando todo. Yo les explicaba la serie de alianzas que Dios había concertado con su pueblo.

Tracé una linea cronológica que mostraba cómo cada alianza que Dios hacía era su forma de actuar para engendrar su familia a lo largo de las épocas. Su alianza con Adán tomó forma en un matrimonio; la alianza con Noé fue en una familia; con Abrahán la alianza tomó forma en una tribu; con Moisés la alianza transformó las doce tribus en una nación familiar; la alianza con David estableció a Israel como una familia nacional de reyes; mientras que Cristo hizo de la Nueva Alianza la familia de Dios a nivel mundial, su familia «católica» (del griego: *katholikos*), para incluir a todas las naciones, tanto judíos como gentiles.

Estaban tan entusiasmados... ¡Ahora la Biblia tenía sentido! Un estudiante preguntó: «¿Qué forma tiene esta familia mundial?»

Dibujé una gran pirámide en el tablero, explicando: «Sería como una familia extendida por todo el mundo, con

diferentes figuras paternas a cada nivel, encargadas por Dios de administrar su amor y su ley a sus hijos».

Uno de mis estudiantes católicos comentó en voz alta: «Esa pirámide se parece a la Iglesia católica, con el Papa en la cima».

«¡Oh, no!», repliqué rápidamente. «Lo que yo les estoy dando aquí es el antídoto del catolicismo». Eso era lo que yo en verdad creía o al menos trataba de creer. «Además, el Papa es un dictador, no un padre».

«Pero Papa significa padre».

«No, no es así», me apresuré a corregir.

«¡Sí es así!», respondió en coro un grupo de estudiantes.

Está bien; así que los católicos tenían otro punto correcto. Pude admitir esto, a pesar de que me sentía asustado. ¡No sabía lo que se me venía encima!

A la hora del almuerzo una de mis estudiantes más listas se me acercó, en representación de un pequeño grupo que estaba en la esquina de atrás, para anunciarme: «Hemos hecho una votación, y el resultado es unánime: nosotros pensamos que usted se convertirá en católico romano».

Me reí, más bien nervioso. «¡Eso es una locura!». Escalofríos me subían y bajaban por la espalda. Ella, manteniendo una sonrisa pícara, cruzó sus brazos y volvió a su asiento.

Me sentía todavía aturdido cuando regresé a casa por la tarde. Le dije a Kimberly: «No te imaginas lo que Rebekah dijo hoy. Pregonó que un grupo de estudiantes votaron y acordaron que voy a convertirme en católico romano. ¿Puedes pensar en algo más absurdo?»

Yo esperaba que Kimberly se reiría conmigo. Pero ella tan solo me miró inexpresiva y dijo: «Y bien, ¿lo harás?»

¡No podía creer lo que oía! ¿Cómo podía ella pensar tan a la ligera que yo traicionaría la verdad de la Escritura y de la Reforma? Sentí como que me enterraban un cuchillo en la espalda.

Dije titubeando: «¿Cómo puedes *tú* decir eso? ¡Qué traición a tu confianza en mí como pastor y como maestro! ¿Católico yo? ¡Me amamantaron con los escritos de Martín Lutero…! ¿Qué es lo que pretendes?

«Estaba acostumbrada a considerarte como muy anticatólico y comprometido con los principios de la Reforma. Pero últimamente te oigo hablar tanto de sacramentos, liturgia, tipología , Eucaristía».

Luego añadió algo que nunca olvidaré: «A veces pienso que eres Lutero al revés».

¡Lutero al revés! No pude decir nada más. Me fui a mi estudio, cerré la puerta con seguro, y me dejé caer sobre la silla de mi escritorio, temblando. ¡Lutero al revés! Me sentí ofuscado, aturdido, confuso. ¡Quizá estaba perdiendo mi alma! ¡Quizá estaba perdiendo el evangelio! Yo siempre había querido ser un esclavo de la Palabra de Dios, y hasta entonces creía serlo. Pero ¿a dónde me estaba llevando? Lutero al revés. Las palabras seguían resonando en mi cerebro.

Ya no era cuestión de mera especulación teológica. Apenas unas semanas antes Kimberly había dado a luz a nuestro hijo Michael. Nunca olvidaré el sentimiento de ser padre por primera vez. Miraba a mi hijo, y me di cuenta de que el poder dador de vida de la alianza era más que una teoría.

Mientras lo sostenía en mis brazos, me preguntaba a qué iglesia iría a pertenecer, él o sus hijos o sus nietos. Después de todo, yo era el pastor de una iglesia presbiteriana que se había apartado de otro grupo separado (la Iglesia presbiteriana ortodoxa), la cual a su vez se había separado de otra división (la Iglesia presbiteriana de los Estados Unidos), ¡todo en este mismo siglo!

Procrear a mi propia familia hacía crecer en mí un anhelo por la unidad de la familia de Dios más profundo del que

hubiese experimentado antes. Por el bien de mi familia y de Su familia, oraba para para que el Señor me ayudase a creer, vivir y enseñar su Palabra, no importando lo que costara. Quería mantener mi corazón y mi mente completamente abiertos a la Sagrada Escritura y al Espíritu Santo, y a cualquier recurso que me llevase a un más profundo conocimiento de la Palabra de Dios.

Mientras todo esto pasaba, me habían contratado como instructor a tiempo parcial en un seminario presbiteriano local. El tema de mi primera clase era el Evangelio de San Juan, sobre el cual yo estaba dando una serie de sermones en la iglesia. En mi estudio yo mantenía un margen de un par de capítulos adelante del que estaba predicando. Cuando llegué al capítulo sexto del evangelio en mi preparación, tuve que dedicar semanas de cuidadosa investigación sobre los siguientes versículos: (Jn 6,52–68)

Los judíos discutían entonces entre ellos mismos diciendo: «¿Cómo puede éste darnos a comer su carne?». Entonces Jesús les dijo: «En verdad, en verdad les digo, si no comen la carne del hijo del hombre y no beben su sangre, no tienen vida en ustedes. El que come mi carne y bebe mi sangre tiene vida eterna y yo lo resucitaré en el último dia. Porque mi carne es verdadera comida, y mi sangre es verdadera bebida. El que come mi carne y bebe mi sangre mora en mí y yo en él. Así como el Padre que me envió vive y yo vivo por el Padre, así el que me come vivirá por mí. Éste es el pan que baja del cielo, no como el que comieron sus padres y murieron; el que come de este pan vivirá para siempre…». Después de esto muchos de sus discípulos se apartaron y no volvieron con él. Jesús les dijo a los doce: «¿También ustedes quieren marcharse?» Simón Pedro le contestó: «Señor, ¿a quién iremos? Tú tienes palabras de la vida eterna».

Inmediatamente empecé a cuestionar lo que mis profesores me habían enseñado, y lo que yo mismo estaba predicando a mi congregación, acerca de la Eucaristía como mero símbolo —un profundo símbolo ciertamente, pero nada más que símbolo.

Después de mucha plegaria y estudio vine a darme cuenta de que Jesús no pudo haber estado hablando simbólicamente cuando nos mandó comer su carne y beber su sangre. Los judíos que lo escuchaban no se habrían ofendido ni escandalizado por solo un símbolo. Además, si ellos hubieran malinterpretado a Jesús, tomando sus palabras literalmente mientras Él solo pretendía hablar figurativamente, hubiera sido fácil para Jesús clarificar este punto. De hecho, ya que muchos discípulos dejaron de seguirlo por esta enseñanza (vers. 60), Jesús hubiera estado moralmente obligado a explicar que sólo estaba hablando simbólicamente.

Pero Jesús nunca hizo eso. Ni tampoco uno solo de los cristianos, por más de mil años, negó la Presencia Real de Cristo en la Eucaristía. Era bien claro. Así que hice lo que cualquier pastor o profesor de seminario hubiera hecho si quería conservar su trabajo. Terminé lo más pronto posible mi serie de sermones sobre el Evangelio de Juan al final del capítulo cinco, y prácticamente me salté el capítulo seis en mis clases.

Aunque mis parroquianos y alumnos se iban entusiasmando con el resto de mis enseñanzas, fueron también sintiendo que esto no era presbiterianismo tradicional e histórico. Pero no podía ponerme en la posición de decirles que lo que estaban oyendo, —y que con tanto entusiasmo estaban acogiendo— reflejaba ideas de la Escritura que de algún modo, en algún lugar, la Iglesia católica había descubierto tiempo atrás.

Una noche, después de horas de estudio, me fui a la sala

y le dije a Kimberly que yo no creía que íbamos a seguir siendo presbiterianos. Estaba tan convencido por la Escritura de la necesidad de dar mayor prioridad de la que se les daba en la tradición presbiteriana a los sacramentos y a la liturgia, que yo sugerí que considerásemos unirnos a la tradición episcopal.

Ella se dejó caer en el sillón y empezó a llorar. «Scott, mi padre es un ministro presbiteriano. Mi tío es un ministro presbiteriano. Mi hermano se está preparando para ser un ministro presbiteriano. Y tú eres un ministro presbiteriano…! No quiero dejar de ser presbiteriana».

Expuso claramente su punto de vista. Pero lo que ella no sabía era que yo no estaba muy seguro, por más que lo deseara, de que el itinerario terminaría en la iglesia episcopal.

La clase que yo había enseñado sobre el Evangelio de San Juan había resultado tan buena, que me pidieron que diera algunas otras clases el semestre siguiente. De hecho, me pidieron que trabajara tiempo completo durante el nuevo período, y esas clases resultaron mejor todavía.

En mi clase de historia de la Iglesia, uno de mis mejores estudiantes (antiguo católico), hizo una presentación sobre el Concilio de Trento. Después de la presentación él hizo una tremenda pregunta embarazosa que yo nunca había escuchado.

Dijo: «Profesor Hahn, usted nos ha enseñado que la doctrina de *sola fide* no es bíblica, y que este grito de guerra de la Reforma no tiene ningún fundamento en la interpretación de Pablo. Como usted sabe, el otro grito de guerra de la Reforma fue *sola scriptura*: que la Biblia es nuestra única autoridad, en vez del Papa, los Concilios de la Iglesia o la Tradición. Profesor, ¿dónde enseña la Biblia que «sólo la Escritura» es nuestra única autoridad?»

Me le quedé viendo, y empecé a sudar frío.

Nunca había escuchado esa pregunta antes. En el seminario yo tenía la fama de ser una especie de avispón socrático, siempre poniendo en aprieto a otros con mis preguntas; pero ésta nunca se me había ocurrido.

Contesté lo que cualquier profesor, cogido desprevenido, hubiera dicho: «¡Qué pregunta tan tonta!» Pero en cuanto estas palabras salieron de mi boca, me quedé estupefacto, pues había jurado que, como maestro, nunca usaría esa expresión.

Pero el estudiante no se acobardó. Él sabía que no era una pregunta tonta. Así que mirándome directamente a los ojos, dijo: «Entonces déme por lo menos una respuesta tonta».

Le dije: «Vayamos primero a Mateo 5,17, y veamos luego 2 Timoteo 3,16-17: «Toda Escritura, inspirada por Dios, es útil para enseñar, para argüir, para corregir y para formar en la rectitud de manera que el hombre de Dios sea completo, equipado para toda obra buena». Y luego también miraríamos a lo que Jesús dice acerca de la tradición en Mateo 15».

Su respuesta fue cortante. «Pero, profesor, Jesús no estaba condenando toda tradición en Mateo 15, sino sólo las tradiciones corruptas. Cuando 2 Timoteo 3,16 menciona «toda Escritura», no dice «sólo la Escritura» es útil. También la oración, la evangelización y muchas otras cosas son esenciales. ¿Y qué decir de 2 Tesalonicenses 2,15?»

«Oh,... sí..., 2 Tesalonicenses —murmuré— ¿qué es lo que dice allí?»

«Pablo dice a los Tesalonicenses: Así, pues, hermanos, manténganse firmes y fieles a las tradiciones que les fueron enseñadas por nosotros, ya sea de viva voz o por carta».

Me salí por la tangente: «Sabes, John, nos estamos alejando del tema. Avancemos un poco más y ya hablaremos algo sobre esto la próxima semana».

Puedo asegurar que él no quedó satisfecho. Y yo tampo-

co. Mientras regresaba a casa por el periférico aquella noche, miré a las estrellas y susurré: «Señor, ¿qué está pasando? ¿Dónde enseña la Escritura *sola scriptura*?

Había dos columnas sobre las cuales los protestantes asentaban su revolución contra Roma. Una ya había caído, y la otra se estaba estremeciendo. Tuve miedo.

Las personas que consulté se sorprendieron de que yo viniera con esa pregunta. Y se sintieron más trastornados cuando yo no quedaba satisfecho con sus respuestas.

A un profesor le dije: «Tal vez estoy sufriendo de amnesia, porque por algún motivo he olvidado las simples razones por las que creemos que la Biblia es nuestra única autoridad».

«Scott, qué pregunta tan tonta».

«Déme, pues, tan solo una respuesta tonta».

«Scott —respondió— en realidad tú no puedes demostrar la doctrina de *sola scriptura* con la Escritura. La Biblia no enseña expresamente que ella sea la única autoridad para los cristianos. En otras palabras, Scott, *sola scriptura* es en esencia la histórica confesión de los reformadores por encima y en contra de la pretensión católica de que la autoridad es la Escritura *y además* la Iglesia y la Tradición. Para nosotros, entonces, ésta es sólo una presuposición teológica, nuestro punto de partida más que una conclusión demostrada».

Después me ofreció los mismos textos de la Escritura que yo le había dado a mi alumno, y yo le di las mismas agudas respuestas.

«¿Qué más podríamos añadir?» quería saber.

«Scott, ¡mira lo que la Iglesia católica enseña! Es obvio que la Tradición católica está equivocada».

«Obviamente está equivocada,» acepté. «Pero, ¿dónde se condena el concepto básico de tradición? Por otro lado, ¿qué quiso decir Pablo cuando requería de los tesalonicenses que se ajustaran a la *tradición* tanto escrita como

oral?» Seguí presionando. «¿No es irónico? Nosotros insistimos en que los cristianos sólo pueden creer lo que la Biblia enseña. Pero la Biblia no enseña que *ella* es nuestra *única* autoridad!»

Le pregunté a otro teólogo: «¿Cuál es para ti la columna y el fundamento de la verdad?»

Me dijo: «La Biblia, desde luego».

«¿Entonces por qué la Biblia dice en 1 Timoteo 3,15 que la Iglesia es la columna y el fundamento de la verdad?»

«¡Tú me trastornas, Scott!»

«¡Soy yo quien se siente trastornado!»

«Pero Scott, ¿qué iglesia?»

«¿Cuántos candidatos para el trabajo hay por allí?... Quiero decir, ¿cuántas iglesias tan sólo reclaman ser la columna y el fundamento de la verdad?»

«¿Quiere esto decir que te estás convirtiendo en católico romano, Scott?»

«Espero que no».

Sentí que el piso temblaba, como si alguien estuviera tirando de la alfombra directamente debajo de mis pies. Esta pregunta era más grande que todas las otras, y nadie tenía una respuesta.

Poco tiempo después, el presidente del consejo del seminario se me acercó para invitarme, de parte de los regentes, a aceptar un puesto a tiempo completo como decano del seminario. El origen de esta oferta era el hecho de que mis cursos habían sido tan bien aceptados, que los estudiantes estaban entusiasmados.

¡Este era el trabajo que yo había soñado obtener cuando cumpliera los cincuenta años! Y aquí me lo estaban sirviendo en bandeja a la madura edad de veintiséis. Aunque no podía explicarle por qué, tuve que decirle que no. Cuando llegué a casa esa noche, tuve que contarle a mi esposa acerca de la oferta.

«Kimberly, yo no cambiaría por nada en el mundo la ocupación de enseñar a nivel de un seminario. Pero quiero estar seguro de enseñar la verdad. Porque un día estaré delante de Cristo para darle cuenta de lo que haya enseñado a su pueblo, y no será suficiente para mí escudarme detrás de mi denominación o mis profesores… Tengo que ser capaz de verle directamente a los ojos y decirle: «Señor, les he enseñado todo lo que Tú me enseñaste en tu Palabra». Pero ahora, Kimberly, ya no estoy tan seguro cuál es esa enseñanza, y no puedo seguir enseñando hasta que lo esté». Y me preparé para su respuesta.

Ella contestó cortésmente: «Esto es lo que más respeto de ti, Scott. Pero esto significa que tendremos que confiar al Señor encontrarnos otro trabajo».

Dios la bendiga.

Esta conversación nos llevó a otra penosa decisión: Anuncié mi renuncia como pastor a los ancianos de la iglesia presbiteriana de la Trinidad.

En ese momento yo no sabía lo que iba a hacer, pero sí sabía que tenía que mantener mi integridad. No podía enseñar como pastor hasta no tener mayor claridad. Kimberly y yo nos volvimos al Señor en oración para saber qué paso dar.

Todo lo que sabía era que yo quería creer, entender, enseñar y amar cuanto Dios había revelado en su Palabra.

Kimberly:

Nuestra llegada a Virginia fue el inicio de lo que yo podría describir como «El Cuento de las Cuatro Estaciones». Entramos en el verano de nuestros sueños. Scott era el ministro de la iglesia presbiteriana de la Trinidad, enseñaba en la escuela cristiana de Fairfax, y más tarde ese mismo año

empezó también a enseñar en el Instituto Teológico Dominion. Yo era la esposa del pastor que siempre había querido ser, y además me estaba convirtiendo en mamá por primera vez.

Scott predicaba y enseñaba, entregando su corazón después de muchas horas de estudio y preparación, y yo me sentaba encantada para escuchar su enseñanza. Hicimos también muchos nuevos amigos, al mismo tiempo que nos relacionábamos con antiguos amigos de seminario que acababan de trasladarse a las cercanías, lo cual nos ayudó grandemente a adaptarnos en el traslado.

El 4 de diciembre de 1982 nació Michael Scott. ¡Cómo cambió él nuestro matrimonio! Todo en la vida empezó a tener nuevo sentido porque queríamos compartir todo con él. Era tan emocionante tener a una personita a quien cantarle, con quien rezar y decirle todo lo que yo pudiera pensar acerca del Señor. Residuos de egoismo que Scott y yo no habíamos notado en nosotros, empezaron a aparecer confrontándonos día a día (y noche a noche), lo cual a su vez nos sirvió para conocer al Señor más profundo que antes.

Scott empezó a estudiar más la liturgia y a hacer interesantes cambios en nuestro orden de culto. Pasamos a tener comunión semanal, lo cual es poco común para una iglesia presbiteriana. Pero aunque recibíamos la comunión más frecuentemente, todavía creíamos que ésta era sólo una simbólica representación del sacrificio de Cristo y nada más. Sin embargo, el estudio que Scott hacía sobre el Evangelio de San Juan y la carta a los Hebreos preparándose para sus clases y sermones, le traían nuevas preguntas que resolver, lo cual, a veces, resultaba inquietante para él.

Scott obtenía nuevas perspectivas de los primeros Padres de la Iglesia, las cuales exponía en sus sermones. Esto era algo inesperado para nosotros, porque apenas habíamos

Scott, Kimberly y Michael (tres meses). Marzo, 1983.

leído algo sobre los Padres de la Iglesia durante nuestros años de seminario. De hecho, en nuestro último año nos habíamos quejado fuertemente con algunos amigos sobre la posibilidad de un «romanismo» latente cuando un sacerdote anglicano ofreció un curso sobre los primeros Padres de la Iglesia. Y ahora, ¡aquí estaba Scott citándolos en sus sermones!

Una noche, Scott salió de su estudio y dijo: «Kimberly, tengo que ser sincero. Tú sabes algunas de las preguntas con las que me estoy debatiendo. No sé cuánto tiempo más seremos presbiterianos. Posiblemente tengamos que hacernos episcopales».

Me hundí en una silla en la sala y empecé a llorar. Pensé: ¡Si yo quisiera ser episcopal, me habría casado con uno! Y no quiero ser episcopal. ¿Hasta cuando iba seguir Scott con este «peregrinación»? Sabía una cosa con seguridad, él no pensaba que los católicos reflexivos podrían ser cristianos; así que no había ni una probabilidad de que esto pasara.

Y entonces llegó la noche determinada en que un estudiante (un ex-católico) preguntó: «¿Dónde enseña la Biblia *sola scriptura*?»

Mientras Scott buscaba una respuesta que darle al joven, él compartió conmigo su preocupación primordial de que la separación entre protestantes y católicos en el tiempo de la Reforma estaba fundada en dos aserciones principales: Que somos justificados sólo por la fe, y que nuestra autoridad está sólo en la Escritura. Scott y yo ya habíamos estudiado el tema de la justificación, y ya no dábamos creencia a esta idea protestante. Pero, ¿qué si el concepto de la autoridad de la Escritura sola no se encuentra en la Escritura? ¿Qué significaría eso?

Al final del año académico, el comité de dirección del seminario le pidió a Scott que fuera decano. ¡Decano! ¡A le edad de veinte y seis años! Sin embargo Scott rehusó

esta oferta marvillosa. Dijo que no estaba seguro que podía continuar siendo pastor en este tiempo porque tenía
tantas preguntas importantes sin contestar. Él necesitaba
un lugar donde poder estudiar estos temas que lo estaban
molestando tanto, para poder enseñar con integridad,
convencido por la Palabra de Dios de que él estaba enseñando la verdad.

Aunque era difícil oir cosa semejante, pude apreciar su
integridad. No hay ninguna duda que él tenía que poder
enfrentarse a Cristo en el Día del Juicio y contestarle por
qué había enseñado lo que enseñó. Esta decisión nos puso
de rodillas.

Por medio de la oración decidimos regresar a Grove
City, el pueblo de nuestra universidad. Fue después de esta
decisión de mudarnos, —y ya habíamos rentado casa—
cuando el presidente de la universidad llamó a Scott y le
ofreció una posición. Nosotros lo tomamos como una seña
de que Dios había bendecido nuestra decisión de regresar a
Grove City, y ahí mismo empacamos las maletas y dejamos
a nuestros queridos amigos para empezar una época nueva
de la vida de nuestra familia.

Scott en busca de la Iglesia

Scott:

Decidimos regresar al pueblo de nuestra universidad, donde nos habíamos conocido. Queríamos establecer nuestra familia en un pueblo pequeño y bonito donde conociéramos a mucha gente, mientras yo tenía la esperanza de poder encontrar un trabajo que me dejara libres las noches para continuar estudiando los puntos difíciles que me atormentaban.

Acepté la oferta de trabajar como asistente del rector de Grove City College. Era el trabajo ideal: de nueve a cinco me ocupaba de la admistración y enseñaba a tiempo parcial como instructor visitante en el departamento de teología, enseñando sólo una clase cada semestre. Esto me dejaba las noches libres para estudiar.

Uno de mis antiguos profesores me preguntó por qué nos estábamos mudando de nuevo al pueblo. Le habían contado que yo era el pastor de una próspera iglesia en Virginia al mismo tiempo que enseñaba en el seminario local. Estaba desconcertado por nuestro cambio. Le insinué que la vida en las cercanías del Distrito de Columbia era muy agitada… Y nosostros queríamos dedicarnos más a la familia… No podía decirle cuáles eran las otras razones, porque yo mismo no estaba todavía muy seguro de ellas.

Poco después de nuestro traslado, visitando a mis suegros en Cincinnati, llegué a dar con una librería de libros usados que había comprado los libros de un difunto sacerdote que

era también un especialista conocido en la Sagrada Escritura. Los siguientes dos años me entretuve con casi treinta cajas de sus libros de teología. Empecé a devorarlos en forma intensiva durante cinco, seis, a veces hasta siete horas por las noches. Pude completar la lectura de por lo menos docientos libros. Por primera vez estaba en contacto con el genuino catolicismo como en su fuente, por así decir.

A veces, por les noches, jugaba con Kimberly un juego que yo llamaba: «Adivine quién es el teólogo». En una ocasión le leí una sección del Concilio Vaticano II, y le pregunté: «¿Quién escribió esto?»

Ella dijo: «Se parece a los sermones que dabas en Virginia. ¡No sabes cuanto extraño oirte predicar!»

«Eso no es mío... Es el Vaticano Segundo!... ¿puedes creerlo?»

«¡No quiero saber nada de eso!», fue su seca respuesta.

Continué leyendo toda clase de libros sobre la teología católica, hasta que una noche me detuve en el comedor antes de ir a mi estudio y dije: «Kimberly, tengo que ser franco: en estos días he estado leyendo muchos libros católicos, y creo que Dios me está llamando a ingresar a la Iglesia católica».

Ella contestó rápidamente: «¿No podríamos hacernos episcopales?» Parece que había algo más terrible que hacerse episcopal... Cualquier cosa, ¡excepto católico!...

Fui a un seminario católico de rito bizantino para asistir a la liturgia de vísperas. No era una misa, sino un oficio de oración, con todas las reverencias, incienso e iconos, y un gran ceremonial. Cuando terminó, un seminarista me preguntó: «¿Qué le pareció?» Sólo pude susurrar: «Ahora sé por qué Dios me dio un cuerpo: para adorar al Señor con su pueblo en la liturgia».

Volví a casa, buscando y pidiendo la ayuda de Dios. Seguí esperando poder encontrar algún defecto grave que me

disuadiera de «lanzarme al Tíber» y convertirme en «papista», como solíamos decir.

Empecé, pues, a buscar entre los ortodoxos. Hice cita con Peter Gilquist, un evangélico convertido a la Iglesia Ortodoxa de Antioquía, para saber por qué él había preferido la Ortodoxia a Roma. Sus razones reforzaron mi impresión de que el protestanismo estaba equivocado; pero al mismo tiempo encontré la defensa de la Ortodoxia contra Roma insatisfactoria y superficial. Después de haberla estudiado profundamente, encontré que las diversas iglesias ortodoxas estaban irremediablemente divididas entre sí, en forma similar a los protestantes, con la diferencia que los ortodoxos estaban divididos a base de nacionalismos étnicos: había grupos ortodoxos que se llamban a sí mismos griegos, rusos, rutenios, rumanos, búlgaros, húngaros, serbios, etc. Han coexistido por siglos, pero más como una familia de hermanos que han perdido a su padre.

Un estudio proseguido me llevó a la conclusión que los ortodoxos tienen una maravillosa liturgia y tradición, pero se han quedado estancados en cuanto a la teología. Llegué a estar convencido además de que estaban doctrinalmente equivocados por haber rechazado algunas enseñanzas de la Escritura y de la Iglesia católica, especialmente la cláusula *filioque* («*y del Hijo*») que fue añadida al Credo del Concilio de Nicea. Por otro lado, su rechazo del Papa como cabeza de la Igelsia parecía basarse más en política imperial que en sólidas bases teológicas. Esto me ayudó a entender por qué, a través de su historia, los ortodoxos tienden a exaltar más la figura del emperador y del estado que la del obispo y la Iglesia (lo que es también conocido como «cesaropapismo»). Se me vino a la mente que Rusia ha estado cosechando las consecuencias de este enfoque ortodoxo a lo largo del siglo veinte.

Desde mis días en el seminario, mantenía frecuentes y

maratónicas charlas telefónicas sobre múltiples temas con mi viejo amigo de Cordon-Conwell, Gerry Matatics. Teníamos realmente mucha afinidad espiritual y él amaba la Biblia tanto como yo, pero odiaba a la Iglesia católica hasta mas que yo. En ese tiempo, él era pastor de una iglesia presbiteriana en Harrisburg. Ambos compartíamos la convicción que la Iglesia católica era totalmente distinta a otras denominaciones protestantes, como los metodistas, los luteranos o la Asambleas de Dios, las cuales encontrábamos un poco descarriadas aquí y allá en uno que otro punto de doctrina.

Pero si la Iglesia católica estaba errada, era no sólo en pequeños puntos, ya que ninguna denominación sobre la tierra reclamaba las tremendas pretensiones que Roma proclamaba como propias. Por ejemplo, los metodistas nunca pretendieron ser la única verdadera iglesia fundada por Jesús; ni los luteranos proclamaban tener como su cabeza un Papa que fuera el infalible vicario de Cristo sobre la tierra; y los líderes de las Asambleas de Dios afirmaban tener una ininterrumpida linea de sucesión que se remontara hasta el mismo Pedro.

Igual que el cardenal Newman antes de nosotros, Gerry y yo veíamos bien que si la Iglesia católica estaba equivocada, sería nada menos que diabólica. Pero, si por el contrario, estaba en lo correcto, entonces tenía que haber sido fundada y sostenida por Dios; pero esta opción tenía muy poca consistencia para nosotros dos.

Francamente, me aterraba pensar lo que ocurriría cuando Gerry se diera cuenta de lo que yo estaba ahora leyendo y pensando sobre el asunto. Y como hablábamos tan largo y tendido, me imaginaba que era sólo cuestión de tiempo que esto pasara.

Y finalmente, ocurrió una noche. Habíamos estado hablando por más de una hora, cuando de pronto sentí la

necesidad de leerle un pasaje tomado de *El Espíritu y las Formas del Protestanismo* por el padre Louis Bouyer. Yo no pensaba decirle el título ni el autor, ni siquiera la afiliación religiosa. Solo quiería ver su reacción.

Después de una larga pausa, exclamó, «¡Caramba! Eso sí que está bueno, Scott. ¿De quién estas leyendo?»

Su repuesta me dejó sin respiración. Nunca pensé que le gustaría. ¿Qué iba a hacer ahora?

Casi sin voz contesté, «Louis Bouyer».

«¿Bouyer? Nunca he oído hablar de él. ¿Que es? ¿Anglicano?»

«No».

«No hay problema, Scott. Yo también leo a los luteranos».

«No, no es luterano».

«Bueno, ¿que es entonces? ¿Metodista?»

«No».

«Vamos, Scott, ¿es ésta una adivinanza? Deja de jugar conmigo. ¿Qué es él?»

Me tapé la boca y murmuré, «Católico».

Oí a Gerry golpear el teléfono y decir: «Scott, creo que tengo un problema con la conexión; no pude entender lo que dijiste».

Musité un poco más alto: «Dije que es católico».

«Scott, *realmente* debe haber algo malo en mi teléfono. Juraría que acabas de decir que es un católico».

«Es lo que dije, Gerry. De hecho he estado leyendo muchos católicos últimamente».

De repente se me salió todo de una vez. «Tengo que decírtelo, Gerry. He encontrado oro. No sé porqué nunca se nos habló en el seminario acerca de los pensadores teológicos más brillantes de los tiempos modernos, hombres como Henri de Lubac, Réginald Garrigou-Lagrange, Joseph Ratzinger, Hans Urs von Balthasar, Josef Pieper, Jean

Daniélou, Cristopher Dawson y Matthias Scheeben. ¡Es increíble! Aunque estuvieran equivodos, es una mina de oro».

Gerry estaba pasmado. «¡Calma, Scott! ¡Despacio! Espera un momento. ¿Qué te está pasando?»

Suspiré, «Gerry, necesito tu ayuda».

Me dijo, «Te ayudaré, hermano, te ayudaré. Déme una lista de títulos y yo te mandaré otra con los mejores libros anticatólicos que yo conozco».

Así que le mandé a Gerry una lista de los mejores libros sobre la teología católica que yo había leído. Cuando llegó la lista de Gerry, me di cuenta que yo ya había leído cada uno de los libros que él recomendaba.

Al cabo de un mes, Gerry volvió a llamar.

Kimberly apenas podía contener su ansiedad. Había estado esperando y rezando porque Dios enviara ayuda.

Cuando cogí el teléfono, me susurró: «Por fin alguien se está preocupando por ti, Scott. Estaré rezando por su conversación».

En el mes que había pasado desde nuestra última plática, Gerry había leído todos los libros de mi lista y algunos más. Incluso ahora me estaba pidiendo: «¿Podrías mandarme unos títulos más? Quiero ser verdaderamente imparical».

Para Kimberly, Gerry era una especie de «caballero en deslumbrante armadura» enviado por Dios para rescatar a su esposo de la herejía. Y él tenía las credenciales para lograrlo. Era un erudito *Phi Beta Kappa* graduado en griego clásico, latín y con estudios en hebreo y arameo. Estaba más que preparado por el combate.

Le dije: «Seguro, Gerry. Te enviaré algunos títulos más. Con mucho gusto».

Casi un mes más tarde hablamos por tres o cuatro horas hasta cerca de la tres de la madrugada. Después de eso, me deslicé calladamente en la cama tratando de no despertar a Kimberly.

Ella susurró: «¿Como resultó?» Estaba completamente despierta.

«Fue tremendo».

Se sentó en la cama. «¿De verdad? Sabía que el Señor escucharía mis plegarias y que Gerry te ayundaría».

«Gerry me está ayudando. Ha leído todos los libros».

«Scott, ¿de verdad se está preocupando por ti?»

«Oh, sí, seguro».

Ella preguntó: «Entonces, ¿qué piensa él?»

«Bueno, él dice que hasta ahora no ha encontrado un solo punto de la doctrina católica que no tenga base de apoyo en la Escritura».

Éstas no eran precisamente las palabras que Kimberly esperaba escuchar.

«¡¿Qué?!», exclamó.

En la obscuridad la oí desplomarse sobre la cama. Escondió su cara tras la almohada y empezó a sollozar. Traté de calmarla, pero me dijo: «No me toques. Me siento traicionada.»

«Lo siento, lo siento. Gerry todavía sigue tratando, así que no te desesperes».

Gerry, que se suponía iba a ayudarme, terminó flaqueando en sus propios pies. Empezó a estudiar más a fondo la Escritura, y, como resulatado, descubrió cuán lógica era la fe católica a la luz de la teología de la alianza y de los primeros Padres de la Iglesia.

Hablamos por larga distancia muchas veces, tratando de encontrar en qué estaba equivocada la Iglesia católica. Nuestra hipótesis era que tenía que estar equivocada. Pero, ¿como probarlo? Cada vez que nos parecía haber dado con el talón de Aquiles, no sólo encontrábamos una respuesta, sino una incuestionable respuesta. Empezamos a sentirnos nerviosos.

Mientras tanto, Kimberly acababa de dar a luz a nuestro

segundo hijo, Gabriel. Otro hijo trajo más alegría que nunca, pero al mismo tiempo hacía más fuerte la necesidad de solucionar la situación. Atareada como madre, y con poco tiempo para estudiar teología, Kimberly estaba cada vez más ansiosa y confundida. Pero yo seguía presionando como un fanático.

Fue duro, porque Kimberly no quería saber nada de la Iglesia católica. Y se hacía más duro porque varios sacerdotes que visité tampoco querían hablar sobre la Iglesia. Me escapaba para buscar un sacerdote que pudiera contestar algunas de las preguntas que me quedaban. Uno tras otro me desilusionaban.

Le pregunté a uno: «Padre Jim, ¿qué debería yo hacer con respecto a convertirme a la Iglesia católica?»

Me dijo: «Antes que nada, por favor no me llame «Padre». En segundo lugar, creo que en realidad usted no necesita convertirse. Después del Vaticano II no es muy ecuménico el convertirse. Lo mejor que podría hacer es, sencillamente, ser lo más presbiteriano que pueda. Le hará más bien a la Iglesia católica si usted se mantiene en lo que es».

Asombrado contesté: «Mire, Padre, yo no le estoy pidiendo que me agarre del brazo y me haga católico a la fuerza. Creo que Dios podría estarme llamando a la Iglesia, donde pueda encontrar mi hogar, mi familia de Alianza».

El contestó fríamente: «Bueno, si lo que quiere es alguien que le ayude a convertirse, usted ha dado con la persona equivocada».

Me quedé pasmado.

De vuelta a casa recé para que el Señor me condujera hacia alguien que pudiera resolver mis inquietudes. De repente se me ocurrió: tal vez debería inscribirme en cursos de teología en una universidad católica.

Puse mi solicitud para el programa de doctorado de la Universidad Duquesne en Pittsburgh. Me aceptaron y me

otorgaron una beca. Asistía a clases cada semana. Era el único protestane en algunos de los seminarios que recibía, y el único estudiante que defendía al Papa Juan Pablo II. ¡Era lo más raro! Yo resultaba explicándoles a los sacerdotes (e incluso a ex-sacerdotes) cómo ciertas creencias católicas estaban basadas en la Escritura, especialmente en su teología de la Alianza. No parecía claro que fuera a encontrar respuesta a mis preguntas allí.

A veces me acompañaba a Pittsburgh un amigo católico de Grove City para reunirse con el Padre John Debicki, un sacerdote del Opus Dei. Yo nunca había oído hablar antes del Opus Dei. Todo lo que sabía era que este sacerdote tomaba en serio mis preguntas, daba ponderadas respuestas, y me hacía saber que estaba orando por mí. Era tan humilde. Sólo más tarde descubrí que había estudiado teología en Roma, donde había recibido su doctorado.

Varios católicos en Duquesne vinieron a verme aparte para decirme: «Tú sí que haces elocuente a la Escritura. Suena católico lo que dices».

Yo decía: «Creo que es católico».

Más tarde esa noche, me preguntaba en voz alta ante Kimberly: «Por qué sólo Gerry y yo somos los únicos en ver estas ideas católicas en la Escritura?»

Kimberly contestó con cierto cinismo: «Tal vez la Iglesia acerca de la cual ustedes parecen estar leyendo, ya no existe».

Me preguntaba a mí mismo si ella no estaría en lo correcto. Estaba asustado. Sabía que Kimberly rezaba para que alguien me ayudara. Y yo también estaba rezando mucho.

Alguien me envió un rosario plástico. Al ver sus cuentas, sentí que estaba confrontando el obstáculo más fuerte de todos: María. (Los católicos no tienen idea qué duras resultan para los cristianos bíblicos las doctrinas y devociones marianas.) Pero tantas doctrinas de la Iglesia católica habían

demostrado ser sólidamente bíblicas, que decidí dar también un paso de fe en ésta.

Me encerré en mi oficina, y recé calladamente: «Señor, la Iglesia católica ha demostrado estar en lo correcto noventa y nueve por ciento de las veces. El único gran obstáculo que queda es María. Te pido perdón por adelantado si lo que voy a hacer te ofende... María, si eres tan solo la mitad de lo que la Iglesia católica dice que eres, por favor presenta por mí ante el Señor esta petición —que parece imposible—, por medio de esta oración».

Y recé entonces mi primer rosario. Lo recé muchas más veces por esa misma intención la semana siguiente, pero después me olvidé del asunto. Tres meses más tarde me dí cuenta de que desde el día que yo había rezado el rosario por primera vez, la aparentemente imposible situación había cambiado. ¡Mi petición había sido concedida!

Quedé avergonzado por mi descuido e ingratitud. Le agradecí a Dios inmediatamente por su misericordia, y volví a tomar el rosario que no he dejado de rezar diariamente desde entonces. Es una oración poderosa, un arma increíble, que resalta el escándalo de la Encarnación: El Señor tomó una humilde virgen campesina, y la elevó a ser aquella que diera naturaleza humana sin pecado a la segunda Persona de la Trinidad, para que pudiese convertirse en nuestro Salvador.

Poco tiempo después recibí una llamada de un viejo amigo de la universidad. Aparentemente había oído que yo estaba coqueteando con la «prostituta de Babilonia», como él dijo. No se ahorró palabras.

«Así que, Scott, ¿estás ya adorando a María?»

«Vamos, Chris, tú sabes que los católicos no *adoran* a María; ellos sencillamente la veneran».

«¿Y cuál es en realidad la diferencia, Scott? Ninguna de las dos cosas tiene base bíblica».

No sabía qué decir. Empuñando mi rosario, invoqué a María para que me ayudara. Revigorizado le contesté: «Te podrías llevar una sorpresa».

«Oh, ¿si? ¿Cómo?»

Sólo empecé a decir lo primero que se me vino a la mente. «En realidad es muy sencillo, Chris. Simplemente recuerda dos básicos principios bíblicos: Primero, tú sabes que, como hombre, Cristo cumplió a la perfección la ley de Dios, incluyendo el mandamiento de honrar a su padre y a su madre. La palabra hebrea para honrar, *kabodäh,* literalmente significa «glorificar». Así que Cristo no sólo honró a su Padre celestial, sino que también honró perfectamente a su madre terrenal, María, otorgándole su propia gloria divina.

«El segundo principio es aún más fácil: la imitación de Cristo. Sencillamente imitamos a Cristo no sólo honrando a nuestras propias madres, sino también honrando a quienquiera que Él honra, y con la misma clase de honra que Él otorga».

Hubo una larga pausa antes de que Chris dijera: «Nunca lo había oído presentado de esa manera».

Francamente, yo tampoco. «Chris, eso es sencillamente un resumen de lo que los Papas han estado diciendo durante siglos sobre la devoción a María».

Volvió de nuevo a atacar: «Los Papas son una cosa; pero, ¿dónde aparece esto en la Escritura?»

Repliqué instintivamente: «Chris, Lucas 1,48 dice: «Desde ahora todas las generaciones me llamarán bienaventurada». Esto es lo que hacemos en el rosario, cumplir esa Escritura».

Hubo otra larga pausa antes que Chris cambiara rápidamente el tema.

A partir de entonces he sentido que el rezo del rosario de hecho ha profundizado mi propia comprensión de la

Escritura. La clave era, desde luego, la meditación de los quince misterios; pero caí también en la cuenta de que esta plegaria por sí misma confiere una perspicacia teológica para considerar todos los misterios de nuestra fe de acuerdo a algo que va más allá, pero no en contra, de la capacidad racional del intelecto; lo que ciertos teólogos han llamado «la lógica del amor».

Descubrí por primera vez esta «lógica del amor» contemplando la Sagrada Familia en Nazaret, el modelo para todo hogar. Esto, a su vez, dirigía la atención hacia la Alianza, y, en último término hacia la propia vida íntima de Dios como la única y eterna Sagrada Familia: el Padre, el Hijo y el Espíritu Santo. Esta maravillosa y conmovedora visión empezó a llenar mi corazón y mi mente; pero todavía no estaba muy seguro de que se pudiera identificar a la Iglesia católica como la expresión terrena de la familia de la Alianza de Dios. Necesitaba bastante más estudio y oración para llegar a eso.

Durante este tiempo, Gerry y yo mantuvimos nuestras conversaciones por teléfono. Un día me llamó para invitarme a ir con él a un encuentro con uno de nuestros más brillantes maestros, el Dr. John Gerstner, formado en Harvard, y teólogo calvinista con fuertes convicciones anticatólicas. Gerry le había dicho que estábamos estudiando con mucha seriedad las afirmaciones de la Iglesia católica; así que él estaba más que dispuesto a reunirse con nosotros para resolver nuestras inquietudes.

Gerry hizo los arreglos. Debíamos llevar nuestro Nuevo Testamento griego, nuestra Biblia hebrea, los textos de los Concilios en latín, y cualquier otra cosa que quisiéramos; y debíamos prepararnos para discutir cualquier punto, pero muy especialmente el de *sola fide*.

Los tres debíamos reunirnos para cenar en el York Steak House no lejos de la casa de Gerry en Harrisburg. Eso

significaba que el Dr. Gerstner y yo debíamos viajar juntos por varias horas, ida y vuelta. Me sentía a la vez entusiasmado y nervioso de relacionarme con un especialista tan erudito y devoto.

Mientras el Dr. Gerstner y yo viajábamos, tuvimos cuatro horas de intensa discusión teológica. Empecé a sacar toda la reserva de argumentos que había ido acumulando, acerca de la Iglesia católica como el punto culminante de la historia de la salvación en el Antiguo Testamento y la materialización de la Nueva Alianza.

El Dr. Gerstner escuchaba con atención, respondiendo cada punto con interés y respeto. Parecía mirar mis argumentos como algo novedoso; pero al mismo tiempo insistía en que no justificaban de por sí el que alguien se pasara a la Iglesia católica romana, a la que se refería como «la sinagoga de Satanás».

En un determinado momento me preguntó: «Scott, ¿qué base bíblica tú encuentras para el Papa?»

«Dr. Gerstner, usted sabe que el evangelio de Mateo enfatiza el papel de Jesús como Hijo de David y Rey de Israel. Yo creo que Mateo 16,17–19 nos muestra cómo Jesús deja esto establecido: Le dió a Simón tres cosas: primero, un nombre nuevo: Pedro (o Piedra); segundo, su compromiso de edificar a su Iglesia sobre Pedro; y tercero, las llaves del Reino de los Cielos. Es este tercer punto el que encuentro más interesante.

«Cuando Jesús habla de las «llaves del Reino», hace referencia a un importante texto del Antiguo Testamento, Isaías 22,20–22, donde Ezequías, el heredero del trono real de David, y el rey de Israel en los días de Isaías, reemplaza a su viejo primer ministro, Shebna, por uno nuevo llamado Eliakim. Cualquiera podía darse cuenta de quién de los miembros del gabinete era el nuevo primer ministro, ya que se le habían entregado las «llaves del reino». Confiándole a

Pedro las «llaves del Reino», Jesús establece el cargo de Primer Ministro para administrar la Iglesia como su Reino en la tierra. Las «llaves» son, pues, un símbolo del oficio y la primacía de Pedro para ser transmitido a sus sucesores; como de hecho se ha transmitido a lo largo de las épocas».

Me respondió: «Es un argumento muy ingenioso, Scott».

«¿Y cómo lo refutamos nosotros los protestantes?»

Me dijo: «Bueno, no creo haberlo escuchado antes. Tendría que pensar un poco más en ello. Sigue adelante con tus otros puntos».

Continué entonces describiendo cómo la familia de la Alianza era la clave principal o la idea maestra de la fe católica. Ella explicaba a María como nuestra madre, al Papa como nuestro padre, a los santos como nuestros hermanos y nuestras hermanas, y los días de fiesta como aniversarios y cumpleaños.

«Dr. Gerstner, todo esto adquiere sentido cuando se considera la Alianza como punto central de la Escritura».

Él escuchaba atentamente. «Scott, creo que ahora estás llevando demasiado lejos este asunto de la alianza».

«Puede que sí, Dr. Gerstner, pero estoy absolutamente convencido de que la Alianza es punto central para toda la Escritura, tal y como los más grandes protestantes John Calvin y Jonathan Edwards han enseñado; sólo que además yo estoy convencido de que la Alianza no es un contrato, como ellos la entendían, sino más bien un sagrado vínculo familiar entre Dios y su pueblo. Si estoy equivocado en alguno de estos puntos, muéstreme dónde, por favor. Podría salvar mi carrera».

El dijo: «Esperemos hasta que estemos con Gerry».

Una vez que llegamos al punto de reunión, estuvimos por horas y horas desmenuzando una gran cantidad de temas, pero muy especialmente el de la justificación. Yo presenté el enfoque católico que la justificación no es sólo

una mera absolución, sino más aún, según la visión del Concilio de Trento, una divina filiación. Durante seis horas Gerry y yo argumentamos varios puntos de vista católicos; ninguno fue refutado. Planteamos también muchas preguntas que no fueron respondidas satisfactoriamente.

Al terminar, Gerry y yo nos quedamos mirando el uno al otro: ambos estábamos pálidos. Esto había sido una conmoción para nosotros. Habíamos estado esperando y orando que alguien pudiera salvarnos de tener que sobrellevar la humillación de convertirnos.

Cuando estuvimos brevemente a solas, dije: «Gerry, me siento traicionado por nuestra tradición Reformada. Vine aquí pensando que íbamos a ser salvados de las aguas. Pero la Iglesia católica no ha perdido ni un solo punto. Los textos citados del Concilio de Trento han sido sacados de contexto. Sin quererlo, él ha estado malinterpretando los cánones al desligarlos de las definiciones asentadas en los decretos».

De regreso a casa platiqué mucho más con el Dr. Gerstner. Le pedí que me mostrara en dónde la Biblia enseñaba lo de *sola scriptura*. No oí ni un solo argumento nuevo. Más bien él me planteó una pregunta: «Scott, si estás de acuerdo en que ahora poseemos la inspirada e inerrante Palabra de Dios en la Escritura, ¿qué más necesitamos entonces?»

Le repliqué: «Dr. Gertsner, no creo que el tema principal se relacione con lo que necesitemos; pero ya que me lo pregunta, le daré mi punto de vista. Desde la época de la Reforma, más de veinticinco mil diferentes denominaciones protestantes han venido a la existencia, y los expertos dicen que en la actualidad cinco nuevas se forman cada semana. Cada una de ellas proclama seguir al Espíritu Santo y el pleno sentido de la Escritura. Dios sabe que necesitamos algo más que eso.

«Lo que quiero decir, Dr. Gestner, es que cuando los fundadores de nuestra nación, nos dieron la Constitución, no se contentaron únicamente con eso. ¿Se imagina lo que tendríamos hoy si lo único que nos hubiesen dejado fuera un documento, por muy bueno que sea, junto con la recomendación: Que el espíritu de Washington guíe a cada uno de los ciudadanos? Tendríamos una anarquía, que es básicamente lo que los protestantes tenemos en lo que se refiere a la unidad de la iglesia… En vez de eso, nuestros padres fundadores nos dieron algo más que la Constitución; nos dieron un gobierno —constituido por un presidente, un congreso y una corte suprema— todos ellos necesarios para aplicar e interpretar la Constitución. Y si éso es necesario para gobernar un país como el nuestro; ¿qué se necesitará para gobernar una iglesia que abarque al mundo entero?

«Es por eso, Dr. Gerstner, que yo personalmente estoy empezando a creer que Cristo no nos dejó con sólo un libro y su Espíritu. De hecho, en ninguna parte del evangelio Él dice algo a sus apóstoles acerca de escribir. Más bien, apenas menos de la mitad de ellos escribieron libros que fueran incluidos en el Nuevo Testamento. Lo que Cristo *sí le* dijo a Pedro fue: «Sobre esta piedra construiré mi Iglesia…, y las puertas del infierno no prevalecerán contra ella.» Por eso me parece más lógico que Jesús nos haya dejado su Iglesia, —constituida por el Papa, los obispos y los Concilios, todos ellos necesarios para aplicar e interpretar la Escritura».

El Dr. Gerstner hizo una pausa para pensar. «Todo eso es muy intersante, Scott, pero dijiste que tú no crees que este sea el tema principal. ¿Cuál es entonces, para ti, el tema principal?»

«Dr. Gerstner, creo que el tema principal es lo que la Escritura enseña sobre la Palabra de Dios, ya que en ningún

lugar ella reduce la Palabra de Dios a sólo la Escritura. Más bien, la Biblia nos dice en muchos lugares que la autorizada Palabra de Dios debe encontrarse en la Iglesia: en su Tradición (2 Tes 2,15; 3,6), lo mismo que en su predicación y enseñanza (1 Pe 1,25; 2 Pe 1,20–21; Mt 18,17). Es por eso que pienso que la Biblia apoya el principio católico de *sola verbum Dei*, «sólo por la Palabra de Dios», en vez del lema protestante de *sola scriptura*, '«sólo por la Escritura».

El Dr. Gerstner respondió afirmando, una y otra vez, que la Tradición católica, los Papas y los Concilios Ecuménicos, todos enseñaban cosas contrarias a la Escritura.

«¿En contra de cuál interpretación de la Escritura?», le pregunté. «Además, todos los historiadores de la Iglesia están de acuerdo en que recibimos el Nuevo Testamento del Concilio de Hipona del año 393 y del Concilio de Cartago del año 397, los cuales enviaron sus decisiones a Roma para ser aprobadas por el Papa. ¿No le parece que del año 30 al 393 es demasiado tiempo para estar sin Nuevo Testamento? Además, había muchos otros libros que la gente de entonces creía podrían ser inspirados, como la Epístola de Bernabé, el Pastor de Hermas y los Hechos de Pablo. Había también libros del Nuevo Testamento como la Segunda Carta de Pedro, la de Judas, y el Apocalipsis, que algunos opinaban debían ser excluidos. Entonces, ¿quién tendría la decisión fidedigna y definitiva si es que la Iglesia no enseñara con autoridad infalible?»

El Dr. Gerstner replicó calmadamente: «Papas, obispos y concilios pueden equivocarse, y de hecho se han equivocado. Scott, ¿cómo es que tú puedes pensar que Dios haga infalible a Pedro?»

Reflexioné por un momento. «Bueno, Dr. Gerstner, tanto protestantes como católicos están de acuerdo en que Dios debió hacer infalible a Pedro por lo menos en un par de ocasiones: cuando escribió la Primera y Segunda Epís-

tola de Pedro, por ejemplo. Así que si Dios pudo hacerlo infalible para enseñar con autoridad por escrito, ¿por qué no podría liberarlo de error al enseñar con autoridad en persona? Del mismo modo, si Dios pudo hacer esto con Pedro —y con los otros apóstoles que escribieron la Escritura—, ¿por qué no podría hacer lo mismo con sus sucesores, especialmente al prever la anarquía que sobrevendría si no lo hiciese? Por otro lado, Dr. Gerstner, ¿cómo podemos estar seguros de que los veintisiete libros del Nuevo Testamento son en sí mismos la infalible Palabra de Dios, si fueron falibles concilios y Papas los que nos dieron la lista?»

Nunca olvidaré su respuesta.

«Scott, eso sencillamente significa que todo lo que podemos tener es una falible colección de documentos infalibles!»

Pregunté: «¿Es eso realmente lo mejor que el cristianismo protestante histórico puede dar?»

«Sí, Scott, todo lo que podemos hacer son juicios probables basados en la evidencia histórica. No tenemos ninguna otra autoridad infalible que la Escritura».

Pero, Dr. Gestner, ¿cómo puedo yo saber que realmente es la Palabra de Dios infalible la que estoy leyendo, cuando abro a Mateo, o a Romanos o a Gálatas?»

«Como dije antes, Scott: todo lo que tenemos es una falible colección de documentos infalibles».

Una vez más me sentí muy inconforme con sus respuestas, a pesar de que yo sabía que él estaba presentando fielmente la posición protestante. Me quedé ponderando lo que acababa de decir acerca de este tema crucial de la autoridad, y la inconsistencia lógica de la posición protestante.

Mi única respuesta fue: «Me parece entonces, Dr. Gerstner, que si las cosas son así, debemos tener la Biblia *y* la Iglesia; ¡o ambas o ninguna!»

Llegué a casa en la madrugada del siguiente día. Cuando le conté a Kimberly los resultados de nuestra reunión, se llenó de pánico. Ella esperaba que la conversación del día anterior habría acabado con todo.

Me exigió un compromiso: «Por favor, no lo hagas abruptamente. Sería demasiado doloroso».

Le aseguré: «Si yo me convierto, Kimberly, no será antes de 1990, cuando más temprano; te lo prometo. Y me convertiré sólo si es absolutamente necesario; si no me quedara otra salida ante estas conclusiones». Estábamos en 1985. Parecía haber tiempo suficiente para hacer un intelectualmente respetable cambio, si es que me fuera a convertir.

Ella dijo: «Está bien. Creo que puedo vivir con eso».

Después de mucha oración vimos que era necesario para mí dedicarme a esto tiempo completo. Decidimos que el mejor lugar a donde ir sería la Universidad de Marquette, donde yo había descubierto un excelente equipo de teólogos católicos que amaban a la Iglesia y enseñaban muy bien la doctrina de la Iglesia. De hecho, había allí un jesuita profesor de teología , el padre Donald Keefe, especializado en teología de la Alianza. En cuanto supimos que Marquette me había aceptado para el programa de Doctorado en Teología, y que además me ofrecían una beca completa y una asistencia magisterial, sentimos que era el Señor el que nos guiaba.

Poco sabía yo, poco sabíamos, que nuestro matrimonio estaba a punto de embarcarse en un tiempo más sombrío y tormentoso de lo que hubiéramos podido nunca prever.

Kimberly:

Cuando regresamos a Grove City, estábamos entrando al otoño de nuestra historia. Los vientos de cambio habían

empezado a soplar. Los colores eran bellos, pero los cambios que ellos anunciaban eran presagios de letargo y de muerte.

Hubo un cambio de ritmo en nuestra vida familiar al mudarnos. Scott empezó su horario de trabajo de nueve a cinco, como asistente del rector de Grove City College. Yo me concentré en Michael y en renovar nuetras amistades.

El trabajo de Scott le permitía disponer de las noches para estudiar por horas y horas. Se metía en su estudio y cerraba la puerta, y yo no deseaba en modo alguno que la abriese. No tenía el menor interés en saber qué estaba leyendo. Mientras él mantuviese esa puerta cerrada, para mí no había problema.

Realmente estábamos empezando a generar diferentes convicciones. En parte porque yo estaba muy ocupada y embarazada con nuestro segundo hijo, y en parte porque no me interesaba lo que él hacía. Estaba segura que él se estaba alejando hacia un aislamiento, pero que al fin volvería sobre sus pasos. Lo importante para mí era mantenerme firme.

Una noche, interrumpió mi sueño entusiasmado con un pensamiento: «Kimberly, ¿te das cuenta de que estamos rodeados aquí y en este mismo momento por María, los santos e innumerables ángeles?»

Inmediatamente reaccioné: «¡No en mi recámara! ¡De ningúna manera!»

Lo que Scott acababa de decir me perturbó. ¿María? El pensaba mucho en ella en estos días. Parecía que los católicos se centran en María como los protestantes nos centramos en Jesús. Ella era la de fácil acceso; uno podía esconderse en sus faldas, en vez de encarar el rostro severo de Dios Padre; María era como la amplia puerta trasera para obtener el favor de Dios, mientras que Jesús seguía siendo la incómoda puerta del frente. Me repugnaba pensar en esas cosas.

Había leído en una ocasión algo sobre un hombre en Roma que estaba reparando el cielo raso de una hermosa capilla, y un dia vio entrar a una mujer americana que empezó a rezar en la iglesia. Pensó que podía pasar un rato divertido, y empezó a decir suavemente desde arriba: «Soy yo Jesús, aquí.» Pero la mujer no respondió. Entonces él habló un poco más fuerte: «Soy yo Jesús, aquí». Ninguna respuesta. Por fin el hombre dijo más fuerte: «Soy yo Jesús, aquí.» La mujer miró hacia arriba y gritó: «¡Cállate! ¡Estoy hablando con tu madre!»

Mi impresión de cómo los católicos tomaban a María me hacía pensar que ellos estaban sustituyendo el amor, la devoción e incluso la adoración que le daban a María, en vez del amor, devoción y adoración debido a Jesús. Le expresé esta preocupación a Scott, y él me replicó con el casi total abandono en que los protestantes la tenían hasta el punto de ni siquiera hablar de ella, a pesar de que, por lo menos, ella fue la escogida, la mujer más privilegiada de todos los tiempos, que llevó en su seno al Hijo de Dios y le dio su naturaleza humana. Probablemente los protestantes pensaban contrarrestar así la extraordinaria atención que los católicos le dedicaban.

Cuando se me pidió hablar en la cena de navidad de las damas de la iglesia, Scott me provocó para que hablara de María. Así que preparé un estudio sobre María como mujer de Dios, sin compartir ninguno de los conceptos católicos sobre ella (en los cuales yo no creía por ese tiempo). Les recomendé a las mujeres de la iglesia de no tener el temor en honrarla como la Madre de Nuestro Señor, ya que Jesús era a la vez Hijo de Dios e Hijo de María.

Inmediatamente después de mi charla, las dos esposas de los pastores cantaron «What Child is this», cambiando a propósito las últimas palabras de la estrofa: en vez de «el bebé, el Hijo de María», cantaron «el bebé, el Hijo de

Dios», porque poco antes de la cena, uno de los pastores había expresado preocupación de que la letra original exageraba la honra dada a María. ¡Qué buen caso para ejemplificar mi charla!

Me acordé de una clase en el seminario en la cual el Dr. Nicole dijo que un Concilio Ecuménico había definido a María como *Theotokos*, Madre de Dios. Al principio esto nos ofendió: ¡Ella no había creado a Dios!, pero pronto él aclaró el sentido de esta afirmación: era necesario para nuestra salvación que Jesús fuera tanto plenamente humano como plenamente divino: dos naturalezas en una sola Persona, la de Dios Hijo. Por lo tanto, siendo María la fuente de su naturaleza humana, ella es la madre de Jesús; y por que Jesús es Dios, ella es madre de Dios. No había, pues, por qué escandalizarse con esta verdad —nos recalcaba el Dr. Nicole— ya que era garantía de nuestra salvación.

Un día, Scott se detuvo en el comedor para decir: «He estado leyendo una gran cantidad de libros católicos estos días. Puede ser que Dios me esté llamando a la Iglesia católica».

«¿No podríamos más bien ser episcopales?» fue mi respuesta inmediata. A como estaban las cosas, prefería seguir siendo protestante como episcopal antes que convertirme en católica romana. Él sonrió dando a entender que comprendía el porqué de mi pregunta. Luego me pidió que rezara por él.

Con gusto rezaba por él, pero no quería hacer comentarios de las creencias que se iban enraizando en él. En esos momentos sólo quería dejar a un lado a Scott y sus nuevas convicciones, lejos del alcance de mi mano. Durante una caminata, quiso compartir conmigo amablemente sus dudas y creencias.

Le dije: «Scott, tú eres muy inteligente. Eres capaz de convencer a cualquiera en cualquier asunto».

A lo cual él replicó: «Entonces, ¿no tengo a nadie con quien hablar de nada?»

Eso me tocó en lo profundo. ¿Cómo pude permitirme decir, o siquiera pensar, que no tenía nada que escuchar de él sobre los temas de sus reflexiones teológicas, cuando todo nuestro matrimonio se basaba precisamente en ese compartir?

El hecho de que Scott fuera una persona muy persuasiva, no me eximía de enfrentar la verdad. Pero yo no quería saber nada de eso. Era muy riesgoso, y yo tenía mucho que perder. Por lo menos debería de sentir cierta curiosidad de saber porqué él consideraba que el catolicismo era tan bíblico, entre otras cosas, porque la Biblia era la base de mis propias creencias. Pero me sentía muy amenazada ante esto como para querer preguntar.

Empecé a sentirme como si estuviera unida a un hombre diferente de aquel con el que me había casado. Me había casado con un presbiteriano reformado, no con un cristiano cualquiera. Sin embargo, Scott me recordaba que lo que me atrajo hacia él fue que él era un cristiano centrado en la Biblia, y aún seguía siéndolo. Me suplicó que fuera a su lado en su búsqueda, pero yo no podía. Más bien, no quería.

Después de todo, Scott había sido anticatólico; uno que pensaba que no se podía ser un cristiano instruido y seguir siendo católico romano. Yo, en cambio, tenía un punto de vista más balanceado: los católicos podían ser cristianos, pero no había necesidad, y mucho menos deseo de mi parte de convertirme en católica. Tal vez todos estos estudios le ayudarían a él a ser menos crítico respecto a los católicos, y más balanceado como yo. Pero, de ninguna manera, dejar de condenarlos implicaba unirse a ellos.

Scott veía lo suyo como una búsqueda de la «Madre Iglesia», y creía haberla encontrado en el catolicismo. En con-

traste, yo nunca tuve una aguda necesidad de búsqueda (quizá por haber sido criada dentro de una familia e iglesia tan fuertemente evangélicas, que habían llenado esa necesidad).

Comparando las creencias de Scott ahora, con las que tenía cuando éramos estudiantes en la universidad, aparecía una marcada diferencia. Pero Scott veía continuidad donde yo sólo encontraba discontinuidad. Él usaba una analogía para explicarse: una bellota no parece un roble, pero tiene en sí todas las posibilidades de llegar a ser un árbol.

Solía decir: «Lo que yo creía en la universidad y en el seminario está ahora llegando a un florecimiento más rico que nunca. Ha habido un crecimiento orgánico, aún cuando mis creencias parezcan diferentes de lo que eran en un principio. Todavía creo en la Biblia. Todavía soy un cristiano comprometido».

Tenía que admitir que la analogía era encomiable. Pero cabía la posibilidad de que se estuviera engañando a sí mismo y metiéndose en verdaderos problemas teológicos.

Buscamos consejo en mi padre, quien me urgió a mantenerlo al tanto de las investigaciones de Scott. Aunque yo no quisiera dedicarme a ese estudio, en nada nos ayudaría el ir creciendo a pasos desiguales.

Finalmente acepté leer un libro: *La Fe de Nuestros Padres*, por el cardenal Gibbons. Su libro era sencillo, pero con mucha lógica. Esto me molestó. ¡El catolicismo no podía ser tan claro! Me sentí tan contrariada, que aventé el libro al otro lado de la habitación, algo que yo nunca había hecho antes.

No, pensé; me limitaría a mantenerme esperando a que Scott encontrara por sí mismo el camino de vuelta a la verdad. ¡Yo tenía una maestría en teología! ¿Iba a tener que empezar a aprender todo de nuevo, volver al ABC de la teología? Mi vida era demasiado ocupada para meterme a hacer eso.

El salmista expresa los pensamientos que me llenaban entonces: (Sal. 69:13;14;16):

En cuanto a mí, que mi oración llegue hasta ti, oh Señor. En el tiempo propicio, oh Dios, en la abundancia de tu continuo amor, respóndeme. Con tu ayuda fiel, sálvame de hundirme en el fango. Respóndeme, oh Señor, pues tu firme amor es bueno; según tu abundante misericordia, vuélvete a mí.

En medio de toda esta tormenta teológica de nuestro hogar, el Señor nos bendijo con un precioso hijo, Gabriel Kirk, en nuestro quinto aniversario de boda, 18 de agosto de 1984. Al darle a luz, recordé una plegaria que Scott y yo habíamos rezado durante nuestra primera cita: que Dios hiciera surgir muchos hombres piadosos. Pensé: ¿Señor, es Gabriel, y, por lo mismo, Michael, en parte una respuesta a nuestras oraciones de entonces? Ciertamente esta es una manera lenta de hacer discípulos, pero, por favor, ayúdanos a criarlos de forma que sean hombres piadosos dedicados a Ti.

El primer año de Gabriel, fue bastante agitado. Además de cuidar a nuestros dos hijos, muchas otras buenas actividades consumían el tiempo que de otro modo hubiera podido dedicar a estudiar y a resolver los problemas entre Scott y yo. Dirigía tres estudios bíblicos; era presidente del grupo local en favor de la vida, y ayudaba a conseguir abogados pro-vida en el campus de Grove City College. Scott cambió su trabajo de tiempo completo en la universidad por trabajo de tiempo parcial con jóvenes en dos iglesias y en el Colegio. Empezó también a trabajar en su doctorado en la Universidad de Duquesne. A pesar de que ésta era una institución católica, casi siempre resultaba siendo él el único defensor de la fe católica en la clase.

En medio de tantas ocupaciones, Scott seguía en su búsqueda. Dándome cuenta que el interés por la Iglesia católi-

ca no disminuía en él, empecé a considerar el peso de todo lo que perderíamos si Scott se hiciera católico. Todos los sueños que habíamos compartido se acabarían: trabajar como un equipo de pastor y esposa...; Scott enseñando en Grove City College o en el Seminario Teológico Gordon-Conwell...; Scott y yo viajando en giras para dar charlas sobre la doctrina de la reforma protestante.

Una noche Scott me dijo que había empezado a rezar el rosario. ¡No podía creer lo que oía! Ni siquiera sabía que él tenía un rosario. El estudio, y ahora la práctica del catolicismo, se estaba poniendo cada vez más grave.

Un amigo desde nuestro seminario, Gerry Matatics, desafió la orientación teológica de Scott. Delante de Scott yo lo llamaba mi «caballero en reluciente armadura» que venía a salvarme de mi tragedia. Gerry asediaba a Scott pidiéndole listas de sus libros católicos. Yo le estaba tan agradecida, especialmente porque Gerry era muy parecido a Scott: una persona de convicciones, que buscaba realmente la verdad, sin importarle las consecuencias.

Pero nunca voy a olvidar la noche cuando Scott volvió a nuestra recámara, después de hablar por teléfono durante horas con Gerry, y me dijo cuán entusiasmado se sentía Gerry con los libros católicos que estaba leyendo.

Todo lo que pude hacer fue llorar. ¡Mi «caballero en reluciente armadura» se me estaba empañando! Si Gerry no podía detener a Scott, no sabía quien más podría hacerlo.

Cuando Gerry organizó una reunión con el Dr. Gerstner, mis esperanzas volvieron a elevarse otra vez, sólo para verlas estrellarse cuando escuché el informe de Scott sobre ese encuentro.

Desde el comienzo de nuestra relación, Scott y yo habíamos crecido y cambiado juntos, al menos en pequeña escala, en nuestras creencias. Pero al continuar Scott cambiando y yo negándome a cambiar, estábamos empezado a dejar de

confiar uno en el otro. El fundamento de confianza de nuestro matrimonio se veía tremendamente sacudido.

Después de un día particularmente tormentoso, le dije a Scott :«Nunca pensaré en el suicidio como una opción, pero hoy le he suplicado a Dios que me de una enfermedad que me mate, para morir y acabar de una vez con todas estas inquietudes. Así tú podrías luego buscar una linda muchachita católica y hacer tu vida con ella».

Scott se sintió abatido al escucharme expresar así mi angustia. «¡No vuelvas a decir, ni siquiera a pensar, eso otra vez! Yo no quiero ninguna linda muchachita católica. Yo te quiero a ti».

Este era el comienzo del invierno de mi alma. Recuerdo incluso dónde estaba en nuestra sala, cuando sentí que el gozo del Señor se me iba. Excepto por algunos breves momentos, no regresaría a mí por casi cinco largos años: era un vacío que nunca antes había yo experimentado en mi vida. El gozo del Señor que había sido mi fortaleza y que había alentado mi espíritu, estaba ahora bloqueado por mi rechazo a abrirme a la búsqueda, a la lectura o incluso al diálogo. Me sentía como ante un muro que no sabía cómo superar, y ni siquiera estaba segura de que tuviera el ánimo de intentarlo.

«Señor, el gozo se ha ido. ¿Quién eres tú? Te he conocido toda mi vida. Y creía entenderte. Pero ahora no entiendo nada de nada. ¿Eres tú el Dios de los católicos o el de los protestantes? Me siento tan confundida». No pareció haber ninguna respuesta.

Uno Se Siente en Casa en Roma

Scott:

Fue una decisión mutua pero difícil mudarnos a Milwaukee para empezar estudios de tiempo completo para el Doctorado en Teología y la Sagrada Escritura. En aquel semestre de otoño descubrí, seminario tras seminario, cuán verdadera y bella podía ser la doctrina católica, y cuán exigentes y prácticas eran las enseñanzas morales de la Iglesia respecto al matrimonio, la familia y la sociedad. Hablaba en favor de la fe católica aún cuando los católicos no lo hiceran.

Había varios estudiantes católicos que sí hablaban en favor de su fe, al mismo tiempo que la vivían y la disfrutaban. Yo compartía una oficina con uno de ellos, John Grabowski, quien me llevó a su parroquia y me introdujo a la liturgia eucarística. A través de John llegué también a relacionarme con una excepcional institución católica llamada Franciscan University de Steubenville, Ohio, donde él había hecho estudios de licenciatura en Teología. Me explicó todo lo referente al énfasis a la «ortodoxia dinámica» que allí daban. (Apenas podía imaginarme que cinco años más tarde estaría yo enseñando allí).

Otra estudiante de doctorado, Mónica Migliorino Miller, me causó inspiración en más de una manera. Primero, después de oirme en clase hablando como católico, amablemente, pero con firmeza, me desafió a vivir de acuerdo a mis convicciones católicas. Segundo, por su valiente

compromiso en el movimiento de rescate en favor de la vida, Mónica nos motivó a Kimberly y a mí a involucrarnos nosotros también. Esto nos permitió a Kimberly y a mí encontrar un muy necesitado terreno en común como activistas en pro de la familia, combatiendo el aborto y la pornografía en el área de Milwaukee.

Escribí trabajos defendiendo y argumentando postulados ortodoxos católicos . Escribí mis argumentos sobre Mateo 16,17–19 en un trabajo de 30 páginas titulado «Pedro y las Llaves» para un curso sobre el evangelio de Mateo. El profesor, que era protestante, después de examinarme por más de una hora, dijo que no encontraba falla en el argumento.

Algunos de mis amigos no católicos pensaron que el Señor me estaba concediendo una visión gloriosa, aunque ellos no sabían hasta dónde esto me estaba llevando. Tanto mi imaginación como mi intelecto estaban siendo cautivados.

Escribí otro trabajo de cien páginas titulado «*Familia Dei*: Hacia una Teología de Alianza, Familia y Trinidad», en el cual sintetizaba los resultados de más de diez años de investigación sobre la Alianza. Esta adquiría cada vez más y más sentido: si Alianza significa una familia en la cual los miembros comparten carne y sangre, entonces Cristo había instituido la Eucaristía para hacernos capaces de compartir el vínculo de carne y sangre de su familia de Nueva Alianza, la Iglesia católica.

El Padre John Debicki, mi sacerdote amigo de Pittsburgh, me puso en contacto con Layton Study Center, una obra del Opus Dei en Milwaukee. Los amigos que hice allí, tanto los sacerdotes como los otros miembros, me introdujeron a un enfoque práctico de oración, trabajo, familia y apostolado, que integró todo lo positivo de mi experiencia evangélica dentro de un sólido plan de vida católico. Se me enseñó y se me animó, como laico, a encontrar modos de

transformar mi trabajo en oración. Uno de los miembros casados, Chris Wolfe, me estimulaba constantemente a tener mi vida interior en la más alta prioridad.

Por fin el proceso de conversión se estaba tornando, sobrenaturalmente, en una *historia romántica*. El Espíritu Santo me estaba revelando que la Iglesia católica, que tanto me aterrorizaba antes, era en realidad mi hogar y mi familia. Había un gozoso sentimiento de bienvenida a medida que redescubría a mi padre, a mi madre y a mis hermanos y hermanas mayores.

Así que un día cometí una «fatal metida de pata»: decidí que era hora de ir a misa por mi cuenta. Tomé finalmente la resolución de atravesar las puertas de Gesu, la parroquia de Marquette University. Poco antes de mediodia me deslicé calladamente hacia el sótano de la capilla para la misa diaria. No estaba seguro de lo que encontraría; tal vez estaría sólo con un sacerdote y un par de viejas monjas. Me senté en los bancos de atrás para observar.

De repente, un montón de gente ordinaria empezó a entrar desde las calles, gente común y corriente. Entraban, hacían genuflexión y se arrodillaban para rezar. Me impresionó su sencilla pero sincera devoción.

Sonó una campana, y un sacerdote caminó hacia el altar. Yo me quedé sentado, dudando aún si arrodillarse no era peligroso. Como evangélico calvinista, me habían enseñado que la misa católica era el sacrilegio más grande que un hombre podía cometer: inmolar a Cristo otra vez. Así que no sabía qué hacer.

Yo miraba y escuchaba atentamente a medida que las lecturas, oraciones y respuestas —tan impregnadas en la Escritura— convertían a la Biblia en algo viviente. Me venían ganas de parar la misa y decir: «Mira, esa frase es de Isaías… La canción es de los Salmos… ¡Caramba!, ahí tienen a otro profeta en esa plegaria». Encontré muchos elementos de la

antigua liturgia judía que yo había estudiado tan intensamente.

De repente caí en la cuenta: Éste es el lugar apropiado para la Biblia. Éste es el ambiente en el cual esta preciosa reliquia de familia está supuesta a ser leída, proclamada y explicada... Luego pasamos a la Liturgia Eucarística, donde todas mis afirmaciones sobre la Alianza hallaban su lugar.

Hubiera querido interrumpir cada parte y gritar: «Oigan, ¿quieren que les explique lo que está pasando desde el punto de vista de la Escritura? ¡Esto es fantástico! «Pero en vez de eso, allí estaba yo sentado, languideciendo por el hambre sobrenatural del Pan de Vida.

Después de pronuciar las palabras de la consagración, el sacerdote mantuvo en alto la hostia. Sentí que la última gota de duda se había secado en mí. Con todo mi corazón musité: «Señor mío y Dios mío. ¡Tú estás allí realmente! Y si eres Tú, entonces quiero tener comunión plena contigo. No quiero perderme de nada».

Entonces me acordé de mi promesa: 1990. Oh, si, tengo que controlarme. Soy presbiteriano, ¿correcto? ¡Claro!... Y con esto, salí de la capilla sin decir absolutamente a nadie dónde había estado, o qué había hecho. Pero, al día siguiente, allí estaba otra vez, así día tras día. En una o dos semanas ya estaba atrapado. No sé cómo decirlo, pero me había enamorado, de pies a cabeza, de Nuestro Señor en la Eucaristía. Su presencia en el Santísimo Sacramento era para mí personal y poderosa. Aún quedándome en la parte de atrás, empecé a arrodillarme y a rezar con los demás a quienes ahora conocía como mis hermanos y hermanas. ¡No era yo un huérfano! Había encontrado a mi familia, la familia de Dios... De repente 1990 me pareció muy lejano.

Día tras día, presenciando todo el drama de la misa, veía la Alianza renovada justo frente a mis ojos. Sabía que Cristo quería que yo lo recibiese en fe, no sólo espiritualmente en

mi corazón, sino también físicamente, sobre mi lengua, en mi garganta, y totalmente dentro de mi cuerpo y alma. Era en esto realmente en lo que toda la encarnación consistía. Esto era el evangelio en plenitud.

Cada día, después de misa, me dedicaba media hora o una hora a rezar el rosario. Sentía cómo si el Señor derramaba su poder a través de su Madre frente al Santísimo Sacramento. Le suplicaba que abriese mi corazón para hacerme manifiesta su voluntad.

«Señor, ¿es éste tu llamado sobrenatural, o me encuentro simplemente atrapado en una especie de escapismo intelectual?»

Las cosas empezaron a acelerarse. Gerry llamó unas dos semanas antes de la Pascua de 1986 para anunciarnos que él y su esposa Leslie, iban a unirse a la Iglesia durante la Vigilia Pascual.

Me quedé pasmado. «Gerry, no puedo creerlo. Se suponía que tú ibas a impedir que me hiciera católico.¡No puedes ahora ganarme en recibir primero la Eucaristía!» No me parecía justo.

«Scott, no quiero entrometerme en tus razones para esperar. En cuanto a nosotros, Dios nos ha mostrado ya suficiente como para convencernos de hacernos católicos este año».

Me volví entonces al Señor en oración: «Señor, ¿qué quieres que *yo* haga?» Recuerdo que recé así mientras pensaba: ¿Por qué no te he pedido ésto antes? «Señor, ¿qué es lo que *Tú* quieres que yo haga?»

Yo estaba completamente desconcertado, cuando, para mi gran sorpresa, sentí que me respondía: «¿Qué es lo que *tú,* hijo mío, quieres hacer?»

Fue fácil. Ni siquiera tuve que pensarlo dos veces: «Padre, quiero ir a mi casa. Quiero recibirte a Ti, Jesús, mi Hermano mayor y Señor, en la Santa Eucaristía».

Y hubo como una suave repuesta del Señor: «Yo no te estoy deteniendo».

Me sentía eufórico. Es imposible describirlo. Pero entonces recordé que era mejor consultar primero con la única persona que *sí* estaba todavía tratando de detenerme. Bajé las escaleras para buscar a Kimberly.

Le dije: «Kimberly, no te imaginas lo que Gerry acaba de decirme. Él y Leslie van a entrar a la Iglesia católica en Pascua, dentro de dos semanas apenas».

Kimberly respondió con cautela: «¿Y eso en qué cambia las cosas?» Me atravesaba con su mirada.

«Bueno, yo he estado rezando y pidiéndole al Señor que me guiara».

«Dijiste que en 1990, ¿recuerdas? Lo prometiste. No esfumes ahora tu promesa».

Con desgana tuve que reconocer su argumento. «Sí…, me acuerdo…, 1990. Pero desde que he empezado a ir diariamente a misa, he estado sintiendo que Cristo me llama hacia Él en la Santa Eucaristía».

Escuchó en silencio, pero mostrando claramente en su rostro la profunda pena.

«Kimberly, no sé cómo decirlo, pero me temo que he llegado a un punto en dónde dilatar mi obediencia sería desobediencia. ¿Quisieras por favor orar a ver cómo puedo abrogar esta promesa?»

Sentíamos en ese momento un dolor que las palabras no podrían describir. Después de un tiempo de oración en otro cuarto, ella vino, me abrazó y me dijo: «Te libero de tu promesa, pero quiero que sepas que nunca en mi vida me he sentido tan profundamente traicionalda, abandonada».

Nos resultaba muy duro a ambos.

Más tarde esa noche, yo oraba con insistencia: «Señor, ¿cómo es que me muestras tu familia, pero al mismo tiem-

po me apartas de la mía? ¿Por qué me presentas a tu Novia, la Iglesia, y me arrastras lejos de la mía?»

Durante ese tiempo de oración, el Señor pareció decirme: «Yo no te estoy llamando *en contra* de tu amor hacia Kimberly y los niños, sino precisamente *por* tu amor y mi amor hacia ellos. Scott, necesitas la plenitud de gracia en la Eucaristía para que pueda yo amarlos a ellos a través de ti.»

«Señor, ¿no podrías decirle eso a ella Tú mismo?», le supliqué.

Fui a visitar a Monseñor Bruskewitz, quien era entonces párroco de la iglesia de San Bernardo. (Ha llegado a ser obispo de Lincoln, Nebraska.) San Bernardo era la parroquia más ortodoxa y activa del área. Tenía yo la esperanza de que podría convertirse en hogar espiritual para mí. No me engañaba.

Monseñor escuchó mi larga odisea teológica. Como teólogo bien preparado, él podía darse cuenta de toda la búsqueda y la lucha. Me hizo ver que no habría ningún obstáculo para mi ingreso durante la Vigilia Pascual. Sin embargo, como astuto pastor que era, se dio cuenta de mi necesidad de consejos prácticos.

Escuchó pacientemente mis planes de preparativos para mi Primera Comunión: una semana de oración que terminaría con tres días de ayuno hasta llegar a la Vigilia Pascual. Con fina sabiduría me preguntó: «¿Y cómo encajan Kimberly y los niños en todo ésto?»

Tuve que admitir avergonzado que, de algún modo, los había dejado fuera de mis planes. Monseñor propuso: «¿Puedo ofrecerte un plan alterno?»

«¡Claro que sí!» le dije con pena.

«¿Por qué no prodigas tu amor y atenciones sobre ellos toda la semana, y terminas con un magnífico picnic en el parque la tarde del sábado, antes de darte yo la Primera

Comunión esa noche?» Gracias sean dadas a Dios por la sabiduría pastoral.

La Vigilia Pascual de 1986 fue un tiempo de verdadero gozo espiritual, ligado a una gran tristesa natural. Recibí la «combinación ganadora» sacramental: el Bautismo condicional, la Reconciliación, la Confirmación y la Primera Comunión. Regresé a mi banca y me senté al lado de mi acongojada esposa, a la que amaba con todo mi corazón. Puse mi brazo alrededor de ella, y empezamos a orar. Sentía a Cristo mismo, por medio de su Eucaristía en mí; nos abrazaba a los dos.

Era como si el Señor dijera: «Scott, no depende de tus sentimientos. Por causa de mí don para ti en la Santa Eucaristía, puedes confiar en mí ahora más que nunca. Ahora habito en tu cuerpo y en tu alma, de un modo más fuerte que nunca antes».

Le agradezco al Señor por haber usado la Santa Comunión para asegurarme de que Él velaría por nosotros a través de las dificultades que nos esperaban adelante.

Kimberly:

Nuestra mudanza a Milwaukee fue un alejarnos de amigos, familia e iglesia, y arribar a un lugar extraño para los dos. No conocíamos a nadie allí antes de llegar.

A pesar de que asistíamos juntos a una iglesia protestante, yo tenía el tiempo que le faltaba a Scott para hacer amigos. Estar en una Universidad católica le proporcionaba a él más oportunidades de encontrar amigos católicos. Así que, seguíamos alejándonos el uno del otro en este sentido, desarrollando amistades separadas.

La mayor parte de mi tiempo estaba dedicado a cuidar a nuestros dos hijitos. Pero al darnos cada vez más cuenta de la magnitud de la industria de aborto y pornografía

alrededor nuestro —nueve clínicas de aborto y cinco librerías «para adultos», tan sólo en el centro de Milwaukee,- me involucré fuertemente en combatirla. Consecuentemente, me quedaba muy poco tiempo y menos ganas para estudiar. Mi esperanza era que en Marquette hubiera alguien que pudiera hacer lo que hasta ahora nadie había logrado: evitar la deserción de Scott hacia Roma.

Nunca pensé que Scott adelantaría su fecha de ingreso a la Iglesia católica de 1990 a 1986. Faltando unos diez días para Pascua, salió de su estudio para decirme: «Kimberly, Gerry y Leslie van a entrar a la Iglesia católica en la Vigilia de Pascua. Necesito que escuches lo que hay en mi corazón: Desde que he empezado a ir a misa en la Universidad me he sentido ansioso, ansioso de recibir al Señor en la Eucaristía. Y estoy ya tan convencido de la verdad de la Iglesia católica que si no me uno a ella ahora y recibo al Señor así, creo que estaría desobedeciendo al Señor. Tú y yo sabemos que obediencia tardía es desobediencia».

Me sentí destruída. Él me había prometido: «No antes de 1990». Y sin embargo, podía ver su profundo conflicto entre su promesa por un lado, y su cada vez más profunda convicción por el otro. Yo no podía interponerme en el camino de su obediencia al Señor, no importando lo que eso significara para su carrera y para el bienestar de nuestra familia. Era necesario que Scott dejara libre espacio para que el Espíritu Santo abriera mi corazón, y que yo lo liberara a él de su promesa de esperar hasta que yo estuviera lista a unírmele, para que él pudiera así seguir adelante en su obediencia al Señor, como él la entendía.

Esa noche escribí en mi diario de oración acerca de la intensa soledad y sentimiento de abandono en que estaba. Escribí: «Señor, ¿a quién puedo ir con mi profunda herida?» Y con cierto sarcasmo añadí: «¡Y no me digas que busque a María y a los santos!»

Pascua estaba apenas a diez días. Eso significaba que teníamos sólo diez días para avisar a la familia y hacerles saber lo que hasta ahora habíamos mantenido más o menos callado. Teníamos apenas diez días para llamar a teólogos amigos, con la esperanza de que alguno pudiera disuadir a Scott, antes de que diera el salto hacia la Iglesia. (Los profesores se vieron en una posición muy difícil tratando de responder a las objeciones que Scott había analizado durante años. Pero el hecho de que tan pocos de ellos trataran de detenerlo, cuando él podría estar hundiendo su alma en la ruina y, con sus talentos, hundir luego a otras almas, agrandó el sentimiento de abandono que yo tenía.)

Era tan difícil saber cómo tocar el tema de un modo que no arriesgara la lealtad que ambos nos debíamos. Si yo hubiera mencionado a mi familia o a la de Scott cuán profunda era mi pena, esto hubiera causado un tremendo enredo entre ellos y Scott. Era cuestión de lealtad para los dos. Teníamos que protegernos el uno al otro, por el bien de nuestro matrimonio y el de nuestra familia, y no revelar a nadie la tremenda pesadumbre que ambos cargábamos. Pero ésto hacía más intensa la soledad que sentíamos.

Yo me sentía profundamente engañada. No tenía nada contra los católicos, pero no hubiera buscado a uno como novio. ¡Ahora resultaba que iba a estar casada con uno!

Acompañé a Scott a la misa de la Vigilia Pascual con una de mis queridas amistades protestantes. Allí estaba Chris Wolfe como padrino de Scott. En cierto momento, Scott se inclinó y me dijo que Greg Wolfe (sin parentesco), iba a ser el padrino de Gerry esa misma noche en que él y Leslie iban a ser recibidos en la Iglesia católica en Philadelphia. Le hice una sonrisa de mueca, pero no dije nada; resultaba más que irónico que ambos hombres fueran conducidos por Wolfes (lobos) hacia la Iglesia católica.

Por un lado, la mayor parte del oficio me fascinó: Hubo

muchas lecturas de la Escritura que narraban el proceso de Dios para instaurar su Alianza en el Antiguo Testamento hasta llegar a Cristo. (¡Yo no me imaginaba que los católicos leyeran tanta Escritura!) Muchos elementos de la liturgia me recordaban al culto judío en el Antiguo Testamento, con el incienso, reverencias, el altar y el sacrificio. Y la alegría de la gente era abundante (como si de verdad creyeran en todo lo que estaban haciendo y diciendo).

Sin embargo, por otro lado, me sentía morir por dentro. Ante mis propios ojos, Scott se estaba comprometiendo con una Iglesia que nos separaría momentáneamente y quizá para siempre. Nunca más podríamos recibir la comunión uno al lado del otro, a menos que uno de los dos cambiara su modo de pensar (y yo ya tenía en mente quién era él que debía cambiar). Este gran signo de unidad cristiana se transformó en nuestro símbolo de desunión. Y la alegría de la gente era como un puñal en mi corazón, porque lo que les alegraba a ellos era para mí causa de indecible dolor.

Después de la misa alguien tomó una cámara y pidió una fotografía de todos con Scott. Quise escaparme del grupo, pero Scott insistió en que yo apareciera en la foto también. Yo pensaba: ¿Para qué quiero tener un recordatorio de la peor noche de mi vida? A pesar de que todos los amigos de Scott fueron muy amables conmigo en la celebración que siguió, era desesperante ver la admiración de ellos hacia él, cuando nuestro matrimonio estaba enfrentando el peor reto que hubiéramos nunca tenido.

Vigilia Pascual, 1986. Milwaukee, Wisconsin. Scott es recibido en la Iglesia. Aparece con los concelebrantes: Monseñor (hoy Obispo) Bruskewitz, Padre Richard Roach y Padre Donald Keefe.

Los Problemas de un Matrimonio Mixto

Scott:

Amigos con curiosidad empezaron a llamar. La conversación típica iba más o menos así:

«Scott, acabo de oír un rumor malintencionado —yo sé que no puede ser cierto— ¡que te has convertido en un católico romano!»

Y yo contestaba: «Sí, ¿podrías creerlo? Por la gracia de Dios, me he convertido en católico, y nunca podré agradecérselo suficientemente».

La conversación solía terminar en este punto de forma más o menos abrupta: «Oh…, ya veo. Bueno, Scott, por favor no dejes de transmitirle a Kimberly mis saludos y oraciones».

Sospecho que lo que en realidad querían transmitir eran sus condolencias. En la práctica, era como si yo hubiese muerto y me hubiera reemplazado un papista impostor, dada la forma en que la mayoría de ellos me trataban.

Amigos cercanos se distanciaron. Mis parientes dejaban de hablarme y se alejaban. Uno de mis compañeros de estudio, graduado conmigo, devoto evangélico, se convirtió en ex-amigo de la noche a la mañana.

Lo irónico de todo esto es que, no mucho tiempo atrás, yo había sido mucho más anticatólico que cualquiera de ellos. De hecho, la mayoría no se consideraban en ningún modo anticatólicos ellos mismos, a pesar de que no hubieran siquiera fruncido el entrecejo si yo simplemente me

hubiera unido a los luteranos o a los metodistas. Me hacían sentirme más bien como un leproso.

En ningún momento hubo el menor deseo de dialogar, mucho menos de discutir. Mis razones no importaban para nada, porque yo había hecho lo inimaginable. Había cometido un sucio y vil delito.

Pero el dolor y la desolación no podían compararse con el gozo y la fortaleza que surgían de saber que yo estaba haciendo la voluntad de Dios y obedeciendo su Palabra. Comparados con el privilegio de ir diariamente a misa y recibir la Santa Comunión, mis sacrificios parecían mínimos. Aprendí también que estos sufrimientos podían unirse al sacrificio eucarístico de Cristo, con un efecto real y con mucha consolación. En medio de todo esto, me sentía llevado hacia una más profunda intimidad con Nuestro Señor y con Nuestra Señora. El sufrimiento hacía el romance más real.

Mientras tanto, Kimberly y yo estábamos navegando aguas cada vez más turbulentas. Dias y semanas pasaban sin que compartiéramos nada espiritual juntos. Lo menos que ella deseaba era escucharme hablar acerca de los beneficios de la misa diaria o la meditación de los misterios del rosario. Mientras mi vida espiritual avanzaba animosa, mi matrimonio retrocedía decaído. Y lo que hacía esto especialmente más penoso aún, era el que, poco tiempo atrás, habíamos compartido tan ricamente nuestro ministerio juntos. Me preguntaba a mí mismo si alguna vez las cosas volverían a ser como antes; si nuestro matrimonio podría acaso sobrevivir este período de prueba y agonía.

Sólo el Señor, por medio de la gracia del sacramento del matrimonio nos hizo seguir adelante, como más tarde ambos reconoceríamos. Le oí decir una vez a un sacerdote: «El matrimonio no es difícil; es más bien humanamente imposible. Es por eso que Cristo lo restableció como un sacramento».

Kimberly seguía esperanzada de que alguien apareciera para tratar de convencerme. Un pastor calvinista llamado Wayne decidió reunirse con nosotros. Después de un par de sesiones de más o menos cuatro horas, Wayne le dijo a Kimberly: «El Papa va muy pronto a excomulgar a Scott por ser demasiado escriturista».

«¿Cuáles son sus puntos débiles?»

«Bueno, no sé. Sus argumentos son escriturísticos y basados en la Alianza. Pero no son católicos. No pueden ser».

Yo sospechaba que Kimberly se preguntaba en secreto qué tan escriturístico el catolicismo podría ser, pero ciertamente ella nunca compartiría conmigo tales «dudas». Habíamos llegado al punto en que casi no podíamos hablar de cualquier cosa, sin caer en una querella doctrinal; y sin embargo, cualquier intento de afrontar con sinceridad nuestras diferencias, terminaba en enojo y frustración.

Yo animaba a Kimberly a espiar mis discusiones con otros acerca de aspectos controversiales de la doctrina católica. Este acercamiento indirecto demostró causar mucho menos tensión en nuestras relaciones, que cuando nos enfrentábamos a solas.

Para alejarme de las tensiones domésticas y de las presiones académicas, empecé a enseñar un estudio bíblico semanal en mi parroquia, San Bernardo. Monseñor Bruskewitz brindaba el mayor apoyo, como era natural, siendo él quien, con su sólida predicación, estimulaba el apetito de los parroquianos a conocer más la Biblia. Era alentador para mí ver —y para Kimberly oír— el insaciable apetito por la Escritura que ellos tenían. ¡Qué gran privilegio era el poder abrir la Palabra de Dios para compartir los tesoros de la fe de la Iglesia con mis nuevos hermanos y hermanas católicos. Después de una sesión especialmente animada sobre «Una explicación Bíblica de las indulgencias», un parroquiano de edad, llamado Joe, proclamó: «¡Sí, señor! A

veces tiene que ser uno de afuera el que nos explique lo de adentro».

Unos pocos meses después de haber sido recibido en la Iglesia, una cantidad de dudas empezaron a asaltarme, no sobre si me habría equivocado o no al hacerme católico, sino sobre si no habría cometido un suicidio profesional al haberme quedado sin alguna opción de trabajo. Después de todo, me preguntaba, ¿cómo puedo pasar de una maestría en teología evangélica a servir como un humilde aprendiz de dogma católico? No es que no estuviese encantado con el estudio de la teología católica; sino que no veía en la práctica cómo con ello podría llevar el pan a nuestra mesa.

Llamé a mi papá, quien todavía dirigía en Pittsburgh nuestro negocio de familia «*Helm and Hahn*», una pequeña compañía que diseñaba y producía joyas. Pocos años antes, él había empleado a mi hermano mayor, Fritz. Tenía la esperanza de que tuviera una posición disponible para un ayudante más de la familia.

«Papi, ¿de casualidad tienes trabajo en el taller para un ex-teólogo evangélico?»

Después de una pausa, me contestó con un tono de profundo pesar: «Scotty, me encantaría tenerte trabajando con nosotros. Tú lo sabes. Pero por ahora no estoy en capacidad de ofrecerte trabajo. La economía está débil por aquí, y el negocio de joyería en general está decaído en todo el país. Hemos tenido que hacer recortes y ajustes por todos lados. Lo siento mucho, hijo».

«No te preocupes, papá. Sólo tenía la esperanza de encontrar trabajo haciendo algo para mantener a mi familia.»

«Scotty, ¿de qué estás hablando? Recuerdo perfectamente haberle oído decir al rector de tu universidad que te quería de regreso lo más pronto posible para enseñar teología allí. ¿Y qué hay de tus profesores en Gordon-Conwell?

¿No te dijeron ellos que sacaras tu doctorado para regresar a enseñar allí también?»

«Sí, papá, pero eso era antes que yo fuese católico. Ahora soy *personna non grata* en ambos lugares. Ninguno pensaría siquiera en contratar a un paria papista como yo.»

«Scotty, me apena oír eso. Pero aún hay algo que yo te diría, y es que no te des por vencido con la teología todavía. Tú tienes amor para estudiarla y un don para enseñarla. Si yo fuera tú, me mantendría en ella todavía por un tiempo.»

Gracias a Dios por la sabiduría paterna.

Me pesaba cada vez más que antes el verme ahora con una familia en aumento, pero sin las herramientas para mantenerla. Me acosaba la idea de que jamás tendría el tiempo para dominar el latín, mucho menos para los escritos de Tomás de Aquino, Buenaventura, Cayetano, Belarmino y tantos otros venerables. ¿Cómo podría llegar a enseñar teología católica?

Ayuda y consuelo surgieron de dos fuentes. Primero, de mis previos estudios de filosofía a nivel de licenciatura en Grove City College, donde me entusiasmé y me empapé con la filosofía de Santo Tomás. A pesar de mi actitud anticatólica, supe que era algo bueno desde que lo descubrí, y en mi mente nadie se podría comparar con Aquino. Desde luego, yo descartaba todo lo específicamente católico en sus escritos. (Pobre Tomás —pensaba— nació demasiado temprano; mucho antes que la luz de Lutero y Calvino pudieran guiarlo.) Pero había devorado sus escritos filosóficos, especialmente su metafísica, adquiriendo de paso la más bien extraña e inverosímil reputación de ser un «evangélico tomista».

Consuelo vino también de una segunda fuente; propiamente de un amable y anciano sacerdote, bibliotecario emérito del seminario Saint Francis, llamado Padre Ray

Fetterer, quien se apiadó de este pobre estudiante graduado presbiteriano que trataba de ilustrar su paso hacia la Iglesia. Cada vez que un convento, monasterio, colegio o secundaria cerrara sus puertas en la región, sus bibliotecas eran enviadas al Padre Fetterer, para ser clasificadas y amontonadas en un viejo gimnasio subterráneo.

Decenas de miles de viejos libros de teología, escritura, filosofía, historia y literatura, terminaban en los estantes para que personas interesadas pudieran hojearlos y comprarlos a precios de ganga, fijados por un anciano sacerdote filantrópico. Descubrí esta mina de oro por accidente, ya que no la anunciaban y rara vez la abrían, generalmente sólo tras hacer cita. Al cabo de un año, había adquirido literalmente veintenas de cajas de libros; y como él se compadecía tanto de mi mala situación, yo pagaba sólo una parte de los ya bajos precios que cobraba normalmente. Era como un sueño hecho realidad para mí: Por la gracia de Dios, la beneficencia de un sacerdote era la suerte loca de un converso!

Por unos pocos cientos de dólares, terminé poseyendo miles de libros, incluyendo clásicos tales como los sesenta volúmenes de la edición Blackfriars de la *Summa Teologica* de Santo Tomás de Aquino (en latín e inglés), más de dos docenas de volúmenes de las *Obras del Cardenal John Henry Newman,* el monumental *Dictionnaire de Théologie Catholique* en quince enormes volúmenes, la vieja *Catholic Encyclopedia,* la *New Catholic Encyclopedia,* junto con cientos de volúmenes de comentarios escriturísticos y escritos patrísticos, para no mencionar varias décadas de costosas revistas teológicas tales como *The Thomist, Theological Studies, Communio, American Ecclesiastical Review, Catholic Biblical Quarterly, Revue Biblique, Biblica* y *Vetus Testamentum.* Por gracia de Dios me encontré en posesión de una biblioteca personal de teología, filosofía e historia

católicas que un seminario se hubiese sentido bendecido de poder tener.

¿Qué iba yo a hacer con semejante tesoro?, ¿meterme a joyero?

En vez de eso, Dios utilizó estas consolaciones para restaurar en mí la confianza de que Él supliría lo que hubiese faltado en mi formación católica como teólogo. Además, me di cuenta de que en realidad en ese entonces no había instituciones católicas en las cuales un laico como yo pudiera recibir una formación doctrinal ortodoxa dentro de la tradición católica, aunque yo hubiese tenido el dinero y el tiempo suficiente para ello. Seguía, pues preguntándome si existiría una buena posición para mí en algún lugar de la Iglesia.

Una noche recibí una llamada del Dr. John Hittinger, profesor de filosofía en el Colegio Saint Francis de Joliet, Illinois. Actuaba en representación de un comité de búsqueda que trataba de encontrar un profesor de teología calificado para enseñar cursos de bajo y alto nivel el siguiente año, especialmente a estudiantes católicos de licenciatura.

Yo no me sentía particularmente calificado, ni había siquiera preparado un curriculum vitae, ni mucho menos lo había hecho circular. Y ya que no había puesto solicitud para esta posición (ni para ninguna otra), estaba yo allí sentado, preguntándome a mí mismo mientras platicábamos, dónde podría él haber conseguido mi nombre. Cuando se lo pregunté, se refirió a un «contacto de confianza» en el departamento de teología de Marquette, quien me había recomendado. Me quedé a la vez sorprendido y agradecido.

Por ese tiempo, sin embargo, yo estaba todavía esperando poder dedicar el siguiente año como estudiante de tiempo completo a escribir y defender mi tesis doctoral. Pero las finanzas estaban tan apretadas que me preguntaba si esa sería una opción a mi alcance. Era cada vez más

dudoso; pero aún en el caso de que pudiera lograrlo, siempre me sería útil la experiencia de pasar por una entrevista de trabajo en una institución católica. Además, John me había hecho saber que había más de treinta candidatos para el trabajo, así que, de todos modos, ¿cuáles eran mis posibilidades?

La entrevista resultó muy buena; estaban interesados en mí. Quizá era por mi entusiasmo como neófito. En todo caso, la situación era atractiva. En esta institución el rector estaba interesado en restaurar la identidad católica del colegio, después de que ésta había sido seriamente dañada por años de presiones financieras, académicas y espirituales. Parecía un reto apasionante. Después de una segunda entrevista y bastante oración, decidí aceptar el puesto.

En ese tiempo, Kimberly y nuestros dos niños no iban a misa conmigo. Monseñor Brukewitz dijo que, dado el especial conjunto de nuestras circunstancias, sería permitido para mí acompañarlos a la iglesia de Elmsbrook, siempre y cuando esto no pusiera en riesgo mi fe católica. Yo iba sencillamente para traer un poco de paz a nuestros domingos.

Un domingo por la mañana en Elmsbrook, estábamos de pie cantando el himno final, cuando de pronto Kimberly se volteó hacia mí, blanca como un fantasma, y murmuró: «Scott, algo anda muy mal». Se sentó a mi lado, mareada y medio inconsciente. Mientras la congregación salía, Kimberly me agarró la mano, apretando fuertemente: «Scott, estoy sangrando mucho». En ese entonces ella estaba a mediados de su tercer embarazo.

La acosté sobre la banca y, sin saber qué más hacer, corrí al teléfono público para tratar de contactar a nuestro obstetra. En una mañana de domingo, ¿qué probabilidades podría tener? Además, él era nuevo en la ciudad. Pero esto no me impidió rezar —con fuerza— a San Gerardo y San José.

El servicio de mensajes del doctor no sabía dónde podría estar, pero trataría de contactarlo a través del localizador. Cuando colgué, me sentía a punto de desesperarme. «Señor, ¿por qué nos has traído hasta esto? Kimberly de por sí se siente ya abandonada de ti, estando las cosas como están».

Menos de dos minutos más tarde, el teléfono repicó. Lo levanté preguntándome quién podría ser: «¿Diga?»

«Este es el Dr. Marmion. ¿Puedo hablar con Scott Hahn?»

«¡Oh, sí! Soy yo, Dr. Marmion.»

«Scott, cuál es el problema?»

«Kimberly tiene una seria hemorragia».

«Scott, ¿dónde están ustedes?»

«Estamos a las afueras de Milwaukee, en un pueblo llamado Brookfield».

«¿Dónde en Brookfield?»

«En la iglesia de Elmbrook, bastante en las afueras».

«¿Dónde estás en la iglesia?»

«Estoy afuera del santuario, exactamente frente a la puerta principal».

«Subo enseguida! Sucede que estoy visitando Elmsbrook esta mañana. Estoy exactamente debajo de ti, en el sótano!»

Medio minuto más tarde, el Dr. Marmion estaba al lado de Kimberly, tiempo suficiente para yo hacer un par de peticiones por la intercesión de San Gerardo. El Dr. Marmión nos ordenó irnos inmediatamente al hospital San José, diciendo que nos encontraría allí. Unos amigos cercanos se llevaron a nuestros niños, y corrimos hacia el hospital.

Una vez allí, nos dimos cuenta de que el Señor había salvado a nuestro bebé, y, con cuidado diligente, la condición de «placenta previa» no nos robaría a nuestro hijo.

Por primera vez después de largo tiempo, alabamos juntos a Dios desde lo más hondo de nuestros corazones.

Kimberly:

Trataba de ajustarme a la vida de Scott como católico. La semana después de Pascua, Scott dirigía un estudio bíblico en nuestra casa, y yo también asistí. Cuando se le pidió a un joven hacer la oración para empezar, inmediatamente él presidió un Ave María. Me fui de la sala en agonía, caí de rodillas en mi dormitorio, y lloré amargamente: ¡cómo se había atrevido a pronunciar esas palabras en mi casa, restregando sal en mis heridas todavía abiertas por la conversión de Scott!... Más tarde traté de unírmeles de nuevo, pero sus comentarios y expresiones de piedad católicas eran insoportables. Muy pronto Scott trasladó el estudio bíblico fuera de nuestra casa, por lo que le quedé muy agradecida.

Afortunadamente Scott nunca hizo de su fe católica un «asunto de sumisión» entre nosotros, obligándome a someterme a su liderazgo espiritual cuando mi corazón no podía aún admitir lo que mi mente no aceptaba. Aunque él ansiaba con todo su ser tenerme a su lado en misa, rogándome compartir su gozo en la Iglesia y ayudarle en su ministerio eclesiástico, no abusaba de su llamado a ser el líder espiritual de nuestra familia para exigirme hacer algo en contra de mi conciencia. De hecho, él me respetaba por mantener mis creencias, aunque cuestionaba mi continua resistencia a mirar los problemas involucrados en nuetra separación espiritual.

Sin embargo, ambos sabíamos —y era mi profunda convicción —que nuestros niños pertenecían primordialmente a Dios bajo el liderazgo espiritual de Scott. Eso quería decir que tarde o temprano, en algún momento, ellos serían educados como católicos, independientemente de que yo fuera protestante o católica. Este pensamiento resultaba tremendamente doloroso, que yo fuera el único miembro protes-

tante de mi familia. Apenas podía soportar la idea de la soledad que sentiría en tal situación.

De hecho, al poco tiempo, ésto perturbó mi profundo deseo de tener otro niño. ¡Le dije a Scott que sencillamente yo no iba a procrear más niños para el Papa! Afortunadamente, en unas pocas semanas, el Señor usó mi deseo de más hijos y mi amor hacia Scott, para abrir mi corazón respecto a su voluntad en cuanto a más niños. Tenía que ser obediente al Señor en eso de estar abierta a nuevas vidas, y confiarle a Él las consecuencias que pudieran derivarse de su afiliación eclesiástica.

Generalmente Scott guardaba sus objetos religiosos —como rosarios, escapularios y estampas— en su gavetero, pero a veces los encontraba sobre la cómoda. Empecé a notar en mí ciertos celos hacia María (similares a los celos que yo había oído los hombres sentían hacia Jesús cuando sus esposas se convertían en cristianas). Yo estaba en clara desventaja: ella era supuestamente pura, amable, maravillosa compañía, gentil, compasiva; en contraste, yo no manifestaba la misma clase de amabilidad para con Scott. Cuando él salía a caminar, yo sabía que era para rezar el rosario con María. Me alegraba que no lo rezara delante de mí; pero me sentía celosa de que él pudiera dedicar tiempo para pasear y hablar amenamente con ella, y no pareciera tener tiempo para hacer lo mismo conmigo.

Un día en que Scott se estaba preparando para dar su testimonio sobre cómo se había hecho católico, yo estallé: «No puedo entender por qué Dios querría tomar una joven pareja, bien instruídos y comprometidos con una visión unánime de la vida y un ministerio juntos, para poner sus vidas totalmente al revés, de modo que ahora vayamos en direcciones totalmente diferentes. ¿Por qué habría querido Él hacer eso?»

No me esperaba la respuesta de Scott. Él me dijo: «¿Será

posible que Dios nos ame tanto? Ya que, por ti misma, nunca te hubieras interesado en estudiar la fe católica, quizá Él me ha convertido a mí primero y me ha hecho pasar por toda esta terrible soledad —aislado de muchos protestantes, y de tantos católicos en el campus universitario a quienes no les va ni les viene lo que yo he hecho, y, en definitiva, la soledad entre nosotros dos— todo esto para poder mostrarte gradualmente la belleza de la Iglesia católica,... para poder acogerte dentro de ella,... para poder bendecirte con sus sacramentos,... para poder darte la plenitud de la fe que tú ya posees?»

Le dije: «Es difícil ver eso como amor, pero supongo que es posible». Tenía que admitir que ciertamente, por mi cuenta, nunca hubiera estudiado a la Iglesia católica.

Y añadí: «Sólo que no esperes verme ir corriendo por ahí para dar mi testimonio, si yo me convirtiera».

A lo que Scott respondió rápidamente: «Yo no quisiera que tú te convirtieras sino hasta que no pudieras esperar más para compartir tu testimonio». Diciendo esto, se alejó por la puerta, y allí quedé yo de nuevo, sola con mis pensamientos.

Las olas de la aflicción nos hundían por separado, mientras contemplábamos la muerte de tantos sueños. Sé que la aflicción es una emoción que puede sonar demasiado fuerte para aplicarla a nuestro caso, pero realmente no me viene a la mente una palabra mejor. Ambos estábamos sufriendo una muerte lenta, sin tener siquiera la seguridad de que pudiese haber resurrección alguna más adelante. Scott por lo menos tenía el consuelo de creer que estaba siguiendo la voluntad de Dios. Yo no tenía esa clase de certeza.

Mi aflicción era diferente de la de Scott. Yo sufría por no tener ya más la oportunidad de ser la esposa de un pastor, lo que había sido un sueño de toda mi vida. No veía cómo encajar en el llamado de Scott para formar sacerdotes, que

era lo que él ahora afirmaba querer hacer: habíamos deseado aconsejar a jóvenes parejas en su matrimonio, lo cual no tiene cabida en un seminario católico.

La posibilidad de regresar ya sea a Grove City College o al seminario teológico de Gordon-Conwell para enseñar, un sueño más que ambos habíamos tenido, se había esfumado. El futuro era incierto en cuanto a que Scott pudiese alguna vez volver a enseñar al nivel para el cual había sido formado.

Siempre había deseado que mis hijos ejercieran un servicio cristiano a tiempo completo, pero ahora me daba cuenta de que si ellos lo hacían, tendría que resignarme a no tener nietos. (Como protestantes, mi padre, hermano y esposo eran ministros casados; nunca habíamos tenido que pensar en el celibato).

Y, aunque parezca una minucia, temía la posibilidad de que nuestra casa quedara abarrotada de artículos religiosos. Cuando un amigo nos dio un crucifijo en frente de un grupo de personas, me quedé sin poder hablar. Todo lo que pude pensar en mi corazón fue: Ya tienes a mi esposo; no quieras ahora decorar mi casa!

Afortunadamente, Scott tuvo el alcance de decir al aceptarlo: «Ya sé exactamente dónde lo voy a poner en mi estudio.» Nuestro querido amigo no tenía ni idea de la pena que causaba con esto. Y no había nadie con quien compartir para sentir alivio.

No teníamos ya ninguna conversación teológica de cierta profundidad que no terminara en áspera disputa. Scott había sido mi mejor amigo con quien habría compartido mi carga de sufrimiento. Pero ahora, ¿cómo podría yo hacer esto si era precisamente él la causa mayor de mis pesares? Y la soledad de Scott se hubiera podido sobrellevar más fácilmente si me tuviera a su lado, pero yo no podía ni quería meterle el hombro: al fin y al cabo, todo esto había sido decisión suya, y éstas eran las consecuencias.

Scott sufría una tremenda soledad. Era malinterpretado y rechazado por muchos amigos protestantes que no le hablaban por las mimas razones por las cuales yo no le hablaba. (Algunos amigos se aguantaron con nosotros hasta que yo me convertí; a partir de entonces, éstos también rechazaban nuestras muestras de amistad.) Él resentía que algunos antiguos profesores ni siquiera pensaban que valiera la pena tratar de convencerlo de que estaba equivocado. Y no podía entender la indiferencia de muchos católicos en Marquette respecto a su conversión, ya que tomaban una actitud de total desinterés ante su experiencia, en vez de mostrarle acogida por todo lo que él había arriesgado y dejado atrás. Y, para colmo, había empezado a vivir como católico en una familia protestante, yendo a misa solo (lo que siguió haciendo por dos años y medio), y sin compartir lo relevante de su fe con sus hijos, debido a que el tiempo acordado aún no había llegado.

La soledad entre nosotros era aplastante. Habíamos tenido una amistad tan cercana, compartiendo tanto de nuestras vidas. En el seminario muchas esposas apenas se interesarían más en los estudios de sus esposos de lo que se interesarían por entender hojas de balance o leyes de impuestos si sus esposos fueran contadores. Pero yo había caminado a su lado, estudiando con él, lidiando con sus textos y aprendiendo de él. Ahora, en vez de compartir sus descubrimientos y alegrarme con él, odiaba saber detalles. Opté por leer sus trabajos sin mucha atención, aun cuando era yo quien se los mecanografiaba. (Si se copia con suficiente rapidez, uno no necesita leer el texto.) ¿Cómo podría Scott compartir su carga de sufrimientos conmigo, cuando era yo misma la mayor causa de ellos?

Mi único consuelo era la Biblia. Pero empecé a temer buscar las Escrituras porque Scott insistía en que la Biblia decía algo diferente de lo que yo pensaba. Scott proclamaba

que la Biblia lo había llevado a la fe católica. ¡Pero la Biblia era la base de mi fe!

En una ocasión me lanzó esta pregunta: «¿Cuál es la columna y fundamento de la verdad?»

Rápidamente repliqué: «La Palabra de Dios».

Me dijo: «Entonces, ¿por qué San Pablo en 1 Timoteo 3,15 dice que es la Iglesia?» ¿Por qué no se les viene a la cabeza esta respuesta a los protestantes?»

«Porque eso está sólo en tu Biblia católica, Scott.»

Él entonces abrió mi Biblia y me mostró ese versículo, el cual yo no recordaba haber leído nunca antes.

No teníamos sencillas conversaciones sobre teología: teníamos debates teológicos. A veces tendríamos discusiones hasta las dos o tres de la madrugada; y todavía al dia siguiente, a la hora del desayuno, Scott se preguntaba si se me habían ocurrido nuevas ideas! Empezábamos tratando de mantener cordial nuestra discusión de teología, pero luego se volvía muy penosa y difícil. Entonces nos deteníamos, echábamos pie atrás, cada uno a nuestra respectiva esquina por un rato. Era una renovada aflicción.

Algunos amigos me recomendaban que una esposa debía someterse a su esposo, no importando lo que ella tuviera en su cerebro. No entendían porqué no daba un paso adelante y me convertía. Otros amigos protestantes me recordaban continuamente que ellos seguían rezando para que yo pudiera sostenerme hasta que Scott recapacitara. Y había católicos que pensaban: ¿Cuál es el problema? Si María es una molestia para ti, sencillamente déjala de lado.

Scott permanecía apegado a mí porque no creía en el divorcio. Y, de hecho, yo tampoco. Cuando nos casamos, acordamos que ni siquiera haríamos bromas con esta palabra; así de profundo era nuestro sentir al respecto. Y sin embargo, hubo dos diferentes momentos en ese primer año que siguió a la conversión de Scott, en los cuales, dando

vueltas alrededor de nuestra cuadra me preguntaba a mí misma: ¿Podré dejarlo? Hasta pensaba a qué hotel me iría y qué haría después, porque no soportaba la pena de esta aflicción: físicamente hería mi corazón, y emocionalmente me sentía devastada. En lo único que podía pensar era en escaparme.

Pero sabía que no podía apartarme de Scott sin apartarme al mismo tiempo de Dios. Y apartarme de Dios sería condenarme a mí misma al infierno. La existencia de ambos, Dios e infierno, era demasiado grande para mí como para seguir pensando en escapar, gracias a Dios. Así, en un plazo de diez minutos, Dios me daba fuerza suficiente para resistir diez más. Y luego podía mantenerme y aguantar por más tiempo.

El pasaje del capítulo 3 de Lamentaciones expresa la agonía de mi corazón y mi lucha para recuperar mi esperanza en el Señor:

> Ha clavado en mi corazón las flechas de su aljaba… Ha quebrado mis dientes con guijarro, me ha revolcado en las cenizas. Mi alma está alejada de la paz. He olvidado lo que es la dicha. Digo: «Ha fenecido mi gloria y la esperanza que me venía del Señor.» Recuerda mi aflicción y mi amargura: es ajenjo y hiel. Lo recuerda mi alma continuamente y se hunde dentro de mí. Pero esto viene a mi mente y por ello tengo esperanza: que el firme amor del Señor no se ha acabado, ni se ha agotado su ternura. Cada mañana se renuevan: ¡grande es tu lealtad! Mi porción es Yahveh, dice mi alma, por eso en Él esperaré.

De algún modo, había esperanza; no por Scott o por mí, sino por la fidelidad del Señor. De algún modo, el Señor renovaría sus misericordias hacia mí —y hacia Scott— para tener cada día la gracia que necesitábamos en ese difícil tiempo de tanta premura.

Scott gustaba cada vez más de las cosas católicas. (Aunque no hacía ostentación de ellas). Hacía sobre sí el signo de la cruz al rezar. Tenía un crucifijo en su oficina. Le escuché rezar un Ave María con un amigo. Cada una de estas cosas era una puñalada en mi corazón. Cada una era un recordatorio de la desunión que teníamos.

La carencia del gozo de mi salvación era muy intensa para mí. Y esto se hacía a veces especialmente penoso porque yo podía adivinar cuánto gozo él trataba de disimular. Aún en medio de su dolor, él realmente tenía el gozo del Señor en nuevas formas, especialmente a través de la Eucaristía. Repetidamente en mi diario de oración le preguntaba al Señor: ¿Dónde está el gozo de mi salvación? Yo sé que estoy salvada. Scott ni siquiera pone en duda eso, pero ¿dónde está mi gozo, y por qué el de él es tan fuerte?

Yo era muy recalcitrante —es la mejor palabra que puedo usar. Hubiera querido querer estudiar, pero al mismo tiempo tenía miedo de hacerlo. A veces él bajaba y me decía: «Kimberly, ¿quisieras leer tan sólo un párrafo de este artículo?»

«¿Es acerca de María?»

«Sí».

«Entonces no. Por favor véte. ¿No podrías encontrar algo sobre lo que pudiéramos leer y platicar juntos?»

Un converso instruido y conversador no es una persona con quien se pueda convivir fácilmente. (Quizá yo no he leído mucho, pero sí he escuchado sufiente teología como para obtener otro maestría.) Para él, convivir con una persona de mente cerrada y reacia para conversar, era muy difícil.

Lo más difícil en todo este tiempo, era no entender dónde estaba Dios, porque no podría decir si Dios estaba del lado de Scott o de mi lado. Después de una noche de derramar mi corazón ante Dios con muchas lágrimas, escribí esta «conversación» con Dios en mi diario de oración:

«¿Estás en el cielo, irritado por este prolongado capricho emocional, o estás llorando conmigo, Señor? ¿Me estás sosteniendo ahora, o estás tirando de mí para levantarme? No quiero obligarte a tomar partido contra Scott o contra mí, Señor, pero, ¿dónde estás tú en todo esto?»

«Estoy en la cruz sufriendo precisamente por los pecados que ambos están cometiendo ahora. Yo soy el Señor ascendido y entronizado, que los está llamando a un matrimonio que me ejemplifique a mí y a mi Iglesia.»

«¿Podemos hacer eso, Señor, en un matrimonio mixto?»

«No, esa no puede ser mi voluntad.»

«¿Cuál es tu voluntad, Señor, y cómo podemos seguirla mientras tratamos de descubrirla? ¿Cómo podemos crecer más en medio de este sufrimiento, Señor? ¿A quién puedo contarle mis penas? Por favor, renuévame el gozo de mi salvación. Que pueda yo alabarte mientras viva. Dígnate, oh Dios, a sanar mis heridas y a restaurarme. Por favor, dale fuerza a Scott en este tiempo de sufrimiento, y condúcelo por los caminos de la verdad».

La desesperación estaba constantemente a la puerta. Scott siempre ha dicho que mi mayor defecto es ser patológicamente positiva. Pero durante este tiempo, era desesperación lo que más tremendamente se revelaba en mi. Algunas de las cruces que cargábamos entonces nos las labrábamos nosotros mismos; otras las labrábamos el uno para el otro.

Cuando una amiga católica oró sobre mí, dijo que la palabra que había recibido del Señor era que se nos había dado un «apostolado del Cuerpo destrozado de Cristo». La angustia que estábamos experimentando en nuestro matrimonio era similar a la tristeza y desgarramiento que ocurrieron durante la Reforma y otros cismas. Dios nos había dado un precioso don que podría durar muy poco tiempo. Necesitábamos tratar de tomarlo como algo bueno. Yo no

tenía idea si ese era el plan de Dios, pero ciertamente sentíamos, dia a dia, el desgarramiento que desde la Reforma afectaba a las familias. Y sufríamos nuestra parte de esa separación.

El activismo se convirtió en un lazo que nos ayudó grandemente a trabajar juntos. Combatir uno al lado del otro contra el aborto y la pornografía nos daba metas comunes y fortalecía nuestro matrimonio tanto al ejercer un ministerio juntos, como al aumentar nuestras amistades. Nos ayudaba a concentrarnos en lo que estaba alrededor, cuando el enfocar hacia lo interno se hacía demasiado penoso.

En la navidad de 1986 nos dimos cuenta de que nos venía otro hijo en camino. La palabra que el Señor me dio fue: «hijo de la reconciliación». Yo decía continuamente: «Oh Dios, ¿significa esto que será un hijo católico? ¿Significa que tendré que hacerme católica? E inmediatamente empezaba a rezar.

Mi siguiente reflexión era: ¿Cómo será bautizado este hijo? Era una cuestión crítica. Yo creía en el bautizo de infantes, pero estaba asistiendo a una iglesia no denominacional que no creía en ello. Siempre habia soñado que mi papá bautizara a nuestros bebés, pero ya no veía cómo eso sería posible. Y sin embargo, bautizar como católico al bebé, era admitir que pertenecía a la Iglesia católica.

Era algo muy costoso. Yo mantenía esta lucha dentro de mí; Scott y yo en realidad nunca discutimos este punto. Dios fue muy gentil guiando mi corazón lejos de argumentar esto con Scott. El reconocerle como líder espiritual de nuestro hogar, parecía facilitar a mi corazón el permitir que el bebé fuera bautizado católico. Finalmente, llegué a tener una gran paz respecto a esto, y casi hice saltar a Scott de sus zapatos cuando con toda calma le pedí que hiciera arreglos con Monseñor Bruskewitz para bautizar al bebé cuando naciera.

Poco antes de que nuestra hija naciera, tuve una importante conversación con mi padre. Mi padre es uno de los hombres más piadosos que conozco. Él era realmente el padre que yo necesitaba para conducirme a mi Padre celestial. Él detectó tristeza en mi voz.

Me preguntó: «Kimberly, ¿rezas tú la oración que yo rezo diariamente? ¿Dices: Señor, iré donde tú quieras que vaya, haré lo que tú quieras que haga, diré lo que tú quieras que diga, y entregaré lo que tú quieras que entregue?»

«No, papá, en estos días no estoy rezando esa oración». Él no tenía idea de la agonía que yo estaba sufriendo porque Scott era católico.

Dijo, sinceramente afectado: «¡No lo estás haciendo!»

«Papá, tengo miedo de hacerlo. Tengo miedo de que rezar esa oración, podría significar mi adhesión a la Iglesia católica romana. ¡Y yo nunca me convertiré en una católica romana!»

«Kimberly, no creo que esto signifique que tengas que hacerte católica romana. Lo que sí significa es que Jesucristo es el Señor de toda tu vida, o no es del todo tu Señor. Tú no le dices al Señor adónde quieres o no quieres ir. Lo que le dices es que estás a su disposición. Esto es lo que más me preocupa, más que el hecho de que te hagas católica romana o no. De lo contrario, estarías en el proceso de endurecer tu corazón para el Señor. Si no puedes rezar esa oración, reza para pedir la gracia de poderla rezar, hasta que puedas rezarla. Abre tu corazón a Él: puedes confiar en Él».

Estaba tomando muchos riesgos al decir esto.

Durante treinta días recé diariamente: «Dios, dame la gracia de poder rezar esa oración.» Tenía mucho miedo de que al rezarla estaría sellando mi destino: Tendría que despojarme de mi capacidad de pensar, olvidar lo que hubiera en mi corazón, y seguir a Scott como una imbécil hacia la Iglesia católica.

Por fin, me sentí dispuesta a rezar la oración, confiándole al Señor las consecuencias. Lo que encontré fue que yo misma me había hecho una jaula, y, en vez de cerrarla con llave, el Señor abrió las puertas para dejarme libre. Mi corazón saltaba. Ahora me sentía libre para querer estudiar y comprobar, para empezar a explorar las cosas con un cierto sentido de gozo otra vez. Ahora podía decir: Está bien, Señor, no eran éstos mis planes para mi vida, pero tus ilusiones son suficientemente buenas para mí. ¿Qué quieres hacer en mi corazón?, ¿en mi matrimonio?, ¿en nuestra familia? Quisiera saber.

El 7 de agosto de 1987 Hannah Lorraine nació. Con gran alegría recibimos a nuestra primera hija en el mundo, y con gran alivio de que la condición de placenta previa y el trauma de sangrado intermitente hubieran cesado. Este bebé es otro símbolo viviente del poder de la oración y un testigo de nuestro permanente amor, incluso en medio de los mayores sufrimientos y luchas.

Asistí al bautizo de Hannah sin ni siquiera saber si el sacerdote me iba a decir: «Señora Hahn, ¿quisiera por favor sentarse allá mientras yo bautizo a su hija aquí?» Todo lo que sabía era que, en obediencia a Dios, ella tenía que ser bautizada católica.

Desde el momento en que entramos, Monseñor Bruskewitz me dió la bienvenida y me invitó cordialmente a hacer y decir todo lo que en buena conciencia yo pudiera hacer y decir. Aunque me mantuve callada durante la invocación a los santos, y en mi corazón disentía de su explicación sobre el bautizo, me quedé asombrada de la belleza de la liturgia, y participé con el mayor entusiasmo que pude.

Fue inesperada para mí la belleza de la liturgia bautismal. Era todo lo que yo hubiera querido pedir para mi hija. En cierto momento, justo antes de que el sacerdote terminara de rezar una increíble oración pidiendo que nuestra hija

escuchara y respondiera a la Palabra de Dios, me encontré apretando la mano de Scott de pura alegría que tenía en ese momento. (Él se temió que yo estuviera aferrándome a su mano para no salir corriendo.)

Entonces Monseñor concluyó aquella oración: «Amén y amén».

Yo exclamé: «¡Amén!» No pude evitarlo (eso pudiera parecer normal para un bautista, pero yo había sido educada como presbiteriana). Todos nos reímos. Y Monseñor me aseguró que el sentimiento era compartido por todos.

No tuve la impresión de que Hannah quedara atada y encadenada por la carga de ser católica romana (como en algún momento llegué a temer), sino, por el contrario, ella había sido liberada para ser la hija de Dios que estaba llamada a ser. Al salir de San Bernardo aquel día, Dios estaba haciendo un importante trabajo en mi interior. Le dije a Scott: «Sé que hoy es un día decisivo para mí.» No era ciertamente el único, pero sí era uno muy importante.

Una «Romá-ntica» Reunion

Scott:

Poco antes de mudarnos a Joliet, Kimberly y yo compramos nuestra primera casa a sólo tres cuadras de la universidad de Saint Francis. Nos trasladamos allí menos de un mes después de que Kimberly había dado a luz a Hannah en Milwaukee. Ella estaba apenas recuperándose de su tercera operación cesárea, mientras yo acababa de completar los requisitos de idiomas aprobando los exámenes de francés y alemán. Y en medio de todo esto, tenía aún que preparar los cuatro cursos que debía empezar a impartir en menos de dos semanas.

Trabajar con estudiantes a nivel de universidad, resultó alentador y provechoso. Pronto me di cuenta que muy pocos o ninguno de mis estudiantes católicos entendían realmente su fe, aún en lo más básico. Encontré un placer particular en ayudar a «católicos en cierne» a descubrir las riquezas de su propia herencia, especialmente con base en la Escritura. Empecé un estudio bíblico semanal con una docena de jugadores del equipo de football, y pasaba mucho tiempo con los estudiantes fuera de clase. Vivir a tres cuadras de la universidad, demostró ser una gran ventaja para crear nuevas relaciones.

En tres años llegué a descubrir que se necesita más que un sincero deseo de parte de unos pocos miembros de la administración y de la facultad para restaurar la identidad católica de una universidad que había ya avanzado bastante

en el camino de la secularización. A veces era una verdadera lucha. Fue mi pimer encuentro con católicos que habían abandonado su fe, pero no querían soltar sus posiciones de poder. Afortunadamente tuve el privilegio de trabajar en el mismo departamento con cuatro grandes colegas: John Hittinger, Greg Sobolewski, la Hermana Rose Marie Surwillo y Dan Hauser.

Un día durante el trabajo, recibí una llamada telefónica de Bill Bales, uno de mis ex-amigos de seminario, que era ahora pastor presbiteriano en Virginia. Llamaba para disculparse por algo que había hecho cuando Kimberly y los niños, sin mí, estuvieron de visita donde ellos, casi un año atrás.

Bill habló en un tono calmado y contrito: «Scott, necesito pedirte perdón».

«¿Por qué, Bill? ¡Para mí es un placer el sólo hecho de que todavía quieras hablar conmigo!»

«Scott, me temo que seas tú el que no vas a querer hablar conmigo cuando te diga lo que hice».

No necesitaba hacer nada más para despertar mi curiosidad y recelo. «Está bien, Bill, ¿qué fue lo que hiciste?»

«Hace unos cuantos meses, tu esposa comentó conmigo tus argumentos católicos; creo que ella esperaba que yo la pudiera proporcionar mucha información para refutarlos. La verdad es que no tenía preparada ninguna respuesta; en vez de eso, le aconsejé reflexionar si no tendría ella bases bíblicas para divorciarse de ti».

Sus palabras fueron un duro golpe; pero me sentía tan contento de poder estar de nuevo en un plano de diálogo, que me recuperé muy pronto. «No hay problema, Bill. Como tú sabes, yo mismo, cinco años atrás, hubiera *exigido* el divorcio en una situación así».

Bill hizo una pausa y tomó aliento. «Hay algo más todavía, Scott».

No estaba seguro de poder resistir un segundo cañonazo tan de inmediato. «Uh,… ¿qué cosa es, Bill?»

«Bueno, le dije a Kimberly que la buscaría de nuevo para darle sólidos argumentos con que rebatir tus ideas católicas».

« Sí,… continúa».

« Pues, ya ha pasado bastante tiempo, y no he logrado encontrar ni uno solo».

Apenas si podía retener mi tono triunfante: «Bill, ésa es una ofensa excusable, si es que hubo alguna».

«Gracias, Scott, pero no me estoy disculpando por eso. Lo que quiero es pedirte ayuda. En los meses recientes he estado dedicándome mucho a pensar y a leer sobre la fe católica, y hay varios temas e interrogantes sobre los que quisiera hablar contigo».

Inmediatamente me di cuenta de lo que quería decir. «Bill, dime tan sólo esto: ¿estás sintiendo la fuerza de los argumentos bíblicos en favor de la fe católica?»

«Podrías decirlo así».

«¿Estás sintiendo también cierta intensidad de terror al ponderar las implicaciones que a largo plazo esto tendría para ti como pastor presbiteriano?»

«Aunque no lo creas, así es».

Para entonces yo ya estaba claro de la razón real de su llamada. Ésta fue la primera de muchas más. A lo largo del siguiente año, Bill llamaba con preguntas motivadas en su propio estudio intensivo de teología católica. Para mí, Bill era un caso especial. En el seminario él nos sobrepasaba a todos en su comprensión y amor del hebreo. Pegaba páginas fotocopiadas de la Biblia Hebrea en las paredes de su estudio, tan solo para ayudarse a aprenderlas y memorizarlas.

Después de graduarse, Bill se hiso parte del ministerio presbiteriano, sirviendo como pastor auxiliar de Jack Lash,

mi más íntimo ex–amigo de los tiempos de seminario. Bill era todavía ministro allí cuando me llamó. En aquellos buenos tiempos, cuando yo era aún calvinista, Jack me hizo predicar en su servicio de ordenación y de toma de posesión. Al hacerme yo católico, no volvió a hablarme.

Después de meses de estudio y periódicos debates telefónicos, la orientación de Bill se fue haciendo más clara. Sus investigaciones le estaban llevando cada vez más y más cerca de Roma. Jack y los ancianos de la iglesia tomaron medidas para contrarrestar su posible deserción. A veces eso se volvió cruel y desagradable. Lo cual sólo logró intensificar la decision de su esposa de estudiar el catolicismo con más imparcialidad. Y como resultado, ambos ahora, junto con Kimberly, seguían leyendo y platicando más y más.

Hasta ese entonces, mis tácticas de confrontación con Kimberly no habían logrado nada constructivo. Los intentos de involucrarla en debate eran infructuosos. Todos los libros que yo recomendaba, quedaban automáticamente descartados. Dios estaba tratando de enseñarme a ceder, para que el Espíritu Santo tuviera más campo para actuar.

En vez de seguir presentando argumentos apologéticos, opté por compartir mis sentimientos personales; pero no como una estrategia alterna que me permitiera manejarla y manipularla con más efectividad; sencillamente éste era el único modo de poder enfrentar nuestras diferencias con respeto y amor. Poco a poco fui aceptando el hecho de que Kimberly nunca llegara a hacerse católica; y de que su conversión no debía ser mi perenne proyecto.

Después de habernos mudado y hecho nuevo amigos en la comunidad, Kimberly y yo empezamos a toparnos con la clase más dura de anticatólicos que ella o yo nunca hubiéramos encontrado antes: los ex–católicos fundamentalistas. A diferencia de cualquier anticatólico protestante normal, que disfruta más que nada de tener intensos debates bíbli-

cos sobre temas católicos como María y el Papa, los anticatólicos fundamentalistas entre los que nos encontrábamos
metidos estaban llenos de tal rabia y resentimiento hacia la
Iglesia, que quedaban totalmente incapacitados para pensar
racionalmente. Para ellos, yo era un poseído por el demo-
nio, y urgían a Kimberly a ni siquiera escucharme, ya que
Satanás me estaba utilizando para confundirla con mis
mentiras. Con una mujer tan inteligente e independiente
como Kimberly, tal consejo resultaba un tiro por la culata.

La mayoría de las veces yo trataba de entablar conversación con anticatólicos fundamentalistas que mostraban
preocupación por mi salvación. Reconocía su celo evangélico.

Una noche, después de cenar le conté a Kimberly una
conversación que había tenido más temprano ese mismo
día con un fundamentalista que, en cuanto supo que yo era
católico, empezó directamente a tratar de evangelizarme.

Desde luego, empezó preguntando: «¿Usted ha nacido
de nuevo?»

Contesté: «Sí, claro que sí. Pero ¿qué es lo que *usted*
quiere decir con eso?»

Se mostró sorprendido. «¿Ha aceptado usted a Jesucristo
como su Señor y Salvador personal?»

Sonreí ampliamente y dije: «Sí, desde luego. Pero no es
por eso por lo que he nacido de nuevo. Yo he nacido de
nuevo por lo que Cristo a través de su Espíritu Santo hizo
en mí cuando fui bautizado».

Quedó aún desconcertado, así que continué: «Ya ve, en
ninguna parte la Biblia afirma: «Tienes que aceptar a Jesucristo como tu Señor y Salvador personal.» Es una gran
cosa hacer eso, pero no era de eso que el Señor estaba hablando cuando le dijo a Nicodemo en Juan 3,3 que tenía
que «nacer de nuevo». Jesús clarificó lo que *Él* quería decir
al afirmar tan sólo dos versículos más adelante: «Tienes

que nacer del agua y del Espíritu», con lo que Él se refería al bautismo. Juan aclara este punto para el lector, ya que al terminar de describir el discurso de Jesús a Nicodemo en los versículos 2 al 21, afirma en el versículo siguiente que «Después de esto, Jesús y sus discípulos se fueron al territorio de Judea; allí estuvo con ellos y bautizaba». Y unos pocos versículos más adelante, Juan relata cómo «los fariseos oyeron que Jesús estaba haciendo y bautizando más discípulos que Juan». En otras palabras, cuando Jesús dice que debemos «nacer de nuevo», se está refiriendo al bautismo».

De buen grado le acepté a Kimberly que había actuado con demasiada fuerza. Y de paso le expliqué por qué pienso que era erróneo que los fundamentalistas dieran por supuesto que los católicos no son verdaderos cristianos, sólo por el hecho de no usar ciertas frases bíblicas en el mismo sentido que ellos, especialmente cuando los mismos fundamentalistas ni siquiera interpretan adecuadamente esas frases dentro de su contexto original. Ella estuvo completamente de acuerdo.

Poco después de eso, regresé de una conferencia para teólogos en Franciscan University de Steubenville. Era la primera vez que había estado allí. Quedé asombrado de encontrarme con tantos católicos ortodoxos y de gran celo evangélico. Y más sorprendido quedé por lo que vi en la misa de mediodía: la capilla estaba repleta con cientos de estudiantes que cantaban con todo el corazón, con gran amor a Cristo en la Santa Eucaristía.

Apenas si podía esperar para contarle a Kimberly todo esto. Se sintió estremecida al saber que el celo evangélico con el que ella había sido criada, podía también encontrase en el seno de la Iglesia católica.

Le conté a un amigo de la parroquia acerca de la lucha que sostenía para compartir la fe católica con mi esposa

evangélica. Le describí el entusiasmo en los cantos, la dinámica predicación bíblica y la cálida camaradería, todo lo
que Kimberly había experimentado desde su niñez. Él hizo
una curiosa observación: «Scott, personalmente yo creo
que los protestantes tienen todas esas cosas porque ellos no
tienen el Santísimo Sacramento. Si tú tienes la presencia
real de Cristo en la Santa Eucaristía, no necesitas nada de lo
demás. ¿No te parece?»

Me mordí la lengua. No quería exaltarme, pero necesitaba corregir lo que me pareció una inquietante equivoca-
ción. «Creo que entiendo lo que tratas de decir: que el
culto eucarístico puede ser tranquilo y reverente sin perder
nada de su profundidad y poder. Estoy de cuerdo con eso.
De hecho estoy empezando a tener un real aprecio por el
canto gregoriano y el latín en la liturgia; pero yo diría las
cosas de otro modo. Yo diría más bien que precisamente
porque *nosotros* tenemos la presencia real de Cristo en la
Santa Eucaristía es por lo que —mucho más que los protestantes— tenemos por qué cantar, por qué predicar, por qué
celebrar juntos más explícitamente».

Hubo un momento de incómodo silencio. «¡Oh sí!, si lo
pones así, ¿quién no va estar de acuerdo?»

Pensando en voz alta dije: «¿Por qué es que entonces no
siempre lo ponemos de ese modo?»

Él no tuvo respuesta. Ni yo tampoco.

Siempre me he preguntado por qué tantos católicos
nunca ahondan más profundamente en los misterios de su
fe. Siempre me ha admirado descubrir cómo todos y cada
uno de los misterios están enraizados en la Escritura, centrados en Cristo y en cierto modo actualizados y procla-
mados en la liturgia de la Iglesia, la Familia de Alianza de
Dios.

Esto empezó a tomar sentido en mí un día después que
había asistido a misa en la Conmemoración de los Fieles

Difuntos. Kimberly quería saber el significado de la celebración. Al poco tiempo la conversación empezó a decaer en un nuevo debate sobre la doctrina del purgatorio. Decidí, por así decir, trasportar la doctrina a una clave mayor, enmarcándola en términos del amor de Alianza de Dios.

«Kimberly, la Biblia nos muestra cuántas veces Dios se reveló a Sí mismo a su pueblo en forma de fuego, para renovar su alianza con ellos: como «horno humeante y antorcha de fuego» con Abrahán en Génesis 15; en la zarza ardiente con Moisés en Éxodo 3; en la columna de fuego con Israel en Números 9; en el fuego celestial que consumía los sacrificios en el altar con Salomón en 1 Crónicas 7 y con Elías en 1 Reyes 18; en las «lenguas de fuego» en Pentecostés con los apóstoles en Hechos 2,...»

Kimberly interrumpió: «Está bien, Scott, ¿cuál es tu idea?»

Era una oportunidad de poner las cosas en su punto. «Sencillamente esto: Cuando Hebreos 12,29 describe a Dios como «un fuego consumidor», no se está refiriendo necesariamente a su cólera. Existe el fuego del infierno, pero hay un fuego infinitamente más abrasador en el cielo: es Dios mismo. De manera que el fuego se refiere al infinito amor de Dios mucho más que a su eterna cólera. La naturaleza de Dios es como una ardiente hoguera de vehemente amor. En otras palabras, el cielo seguramente es más cálido que el infierno.

«No es extraño, pues, que la Escritura se refiera a los ángeles más cercanos a Dios como serafines, lo que literalmente significa: «abrasadores» en hebreo. Por eso es que también San Pablo puede describir en 1 Corintios 3,13 cómo todos los santos deben pasar a través de un juicio ardiente en el cual «la obra de cada cual quedará al descubierto; la manifestará el Día, que ha de revelarse por el fuego...»

«Es claro que no está hablando del fuego del infierno, ya

que los que son juzgados son santos. Está hablando del fuego que los prepara para la vida eterna con Dios en el cielo; de modo que el propósito del fuego es claro: revelar si sus obras son puras («oro y plata») o impuras («madera, heno, paja»).

«El versículo 15 aclara que algunos santos que están destinados para el cielo pasarán a través de fuego y sufrirán: «Más aquél cuya obra quede abrasada sufrirá el daño; él, no obstante, quedará a salvo, pero como quien pasa a través del fuego.» El fuego es, pues, para purgar a los santos. Lo cual significa que es un fuego purgatorio, que sirve para purificar y preparar a los santos que estarán envueltos en el fuego abrasador de la presencia eterna del amor de Dios».

Había dicho mucho; quizá demasiado. Me quedé sentado esperando que Kimberly reaccionara con rabia y frustración, como había hecho cada vez que yo sacaba el tema del purgatorio. En vez de eso, ella también permaneció allí sentada, en silencio, con una expresión reflexiva en su cara. Podía decir por la expresión de sus ojos, que ella estaba sopesando lo que acababa de oír. Decidí no insistir más allá, … al menos por una vez.

A mediados del semestre de otoño de 1989, recibí, como caída del cielo, una llamada de Patrick Madrid de Catholic Answers la cual yo conocía como la mejor organización católica de apologética en el país. Con base en San Diego, Catholic Answers fue fundada por Karl Keating, autor de *Catholicism and Fundamentalism*, el libro que yo encontré más útil que ningún otro para ayudar a la gente a contrarrestar los ataques fundamentalistas contra la Iglesia. Fue bueno poder al fin hacer contacto con espíritus tan afines.

Estuvimos en constante comunicación durante las siguientes semanas. Mientras hablaba con ellos acerca de futuras posibilidades de trabajo, ellos manifestaron su interés en llevarme por avión para una entrevista informal y para

darles un seminario de una noche en la iglesia Saint Francis de Sales de Riverside, California. E hicimos los respectivos arreglos. Después de mi búsqueda de tres años y medio de almas que pensaran como yo, mi encuentro con Karl y Patrick fue como sentirme en un oásis. El sábado por la tarde, en las oficinas de Catholic Answers mecanografié apresuradamente un resumen de la charla que daría en el seminario de la noche. Consistiría en el testimonio, de una hora de duración, de mi conversión a la fe católica, seguido de preguntas y repuestas. La charla era similar a la que había dado docenas de veces antes; pero esta vez resultó diferente a todas las demás. Se convirtió en «La Grabación» (conocida también como «Un Ministro Protestante se Hace Católico»).

Diez minutos antes de empezar, me presentaron a Terry Barber de Saint Joseph Communications quien estaba preparando a toda prisa un equipo de grabación para mi charla. Mientras colocaba el micrófono, me explicó que él y su flamante esposa Danielle, acababan de regresar de su luna de miel en Fátima, Portugal. También explicó su retraso: Había estado grabando charlas en cinco diferentes lugares ese mismo día. Terry parecía haber tomado en el último minuto la decisión de venir a mi charla. En ese momento el punto no me importó en lo más mínimo; más tarde, ambos lo agradecimos eternamente.

A las 7:30 en punto, fui presentado a un pequeño grupo de treinta y cinco personas. Después de hablar poco más de una hora —nunca he terminado nada a tiempo— tomé un corto descanso y regresé para la sesión de preguntas y respuestas. Cuando todo terminó, me dirigí a la parte posterior para hablar con Patrick.

Mientras estábamos hablando, Terry Barber subió corriendo agitando una copia del cassette de grabación. «¡Dios va a servirse de esta grabación, mi amigo! Lo sé muy bien.»

Me sentí halagado de verlo con tanto entusiasmo; pero, habiendo dado la misma charla en tantas otras ocasiones en las cuales había sido grabada, yo no pensaba como él. Más bien pensaba para mí mismo: Qué poco preparado estaba esta noche; en otras ocasiones había sido mucho mejor. Quizá esta fue la razón por la cual Nuestro Señor escogió servirse de esta charla en particular de un modo tan poderoso: nadie podría atribuirse el mérito que sólo a Él corresponde.

Volé de regreso a casa en Joliet, y le conté a Kimberly todo lo referente al fin de semana con Catholic Answers, pero ni me interesé en contarle lo del seminario de la noche: todavía me parecía sin tanta importancia. Al día siguiente, fui de nuevo a dar mis clases.

Pocas semanas pasaron antes de que tuviera noticias de nuevo de Terry Barber. Me llamó para decirme que había estado mandando docenas de copias gratis a varios católicos prominentes y a grupos a lo largo de todo el país. Terry me contó que estaba teniendo una maravillosa respuesta.

¡Poco me imaginaba yo que aquella grabación cambiaría la vida de ambos, y a una de nuestras esposas!

«No me extraña», le dije, «¿qué podías esperar de tal esfuerzo empresarial? Terry, creo que tienes la determinación de un apóstol».

Descubrí que una copia había sido enviada al evangelista católico, Padre Ken Roberts, quien la escuchó e inmediatamente ordenó un pedido de cinco mil copias, que empezó a distribuir por todo el país. La mención que el Padre Ken hizo de la grabación en el canal católico de televisión EWTN, me abrió el camino para aparecer como invitado en el programa «Mother Angelica, Live» varios meses más tarde.

Karl y Patrick me advirtieron: «Scott, muy pronto tu vida va a ser acelerada y volverse sumamente ocupada».

Estaban en lo cierto, y también ambos tenían en parte la culpa. Una de nuestras primeras empresas conjuntas vino poco después de que «La Grabación» fue producida: Catholic Answers patrocinó un debate público de tres horas entre el Dr. Robert Knudsen, —profesor de Teología y Apologética en Westminster Theological Seminary— y yo. Durante la primera mitad de la velada discutimos sobre *Sola Scriptura*; durante la segunda mitad, sobre *Sola Fide*. Tengo que confesar que me sentía más que un poco nervioso al prepararme para discutir con un especialista reconocido mundialmente, sobre los dos más trascendentales temas que dividían a protestantes y católicos.

Nunca soñé un resultado tan positivo. No sólo los estudiantes de Westminster Seminary presentes expresaron al final su sorpresa y entusiasmo, sino que, lo que era más importante para mí, en cuanto regresé a casa, Kimberly encendió una grabadora para escuchar el debate por entero. Tres horas más tarde, ella estaba allí sentada con una mirada de pasmosa sorpresa. Todo lo que pudo decir fue: «No puedo creer lo que he escuchado».

Yo estaba estremecido. No perdí tiempo y le alargué una copia de «La Grabación». Ésta era la primera vez que ella escuchaba mi testimonio desde que yo me había hecho católico.

Las cosas siguieron acelerándose. Recibí una llamada del Dr. Alan Schreck, director del departamento de Teología de Franciscan University de Steubenville. Me habló de una oportunidad de trabajo en ese departamento para el siguiente año académico, 1990–1991, y sugirió que le enviara mi curriculum vitae. Lo envié sin pérdida de tiempo.

Un par de años antes, Franciscan University había patrocinado una conferencia sobre matrimonio y familia. Asistí a ella con Phil Sutton, un buen amigo y colega que enseñaba psicología en la universidad de Saint Francis por ese tiem-

po. Después de la conferencia, mientras manejábamos a casa, recordábamos que los judíos dispersos por el mundo tienen un dicho: «El próximo año en Jerusalén». En broma, Phil y yo ideamos un nuevo dicho católico para nosotros mismos: «El año próximo en Steubenville». Al año siguiente, Phil dejó la universidad de Saint Francis para empezar a enseñar en Franciscan University de Steubenville; había sido contratado para iniciar el programa de maestría en orientación psicológica. Ahora se me estaba tomando en cuenta a mí para el próximo año. Nunca nos imaginamos que el Señor tomara un dicho ingenioso como una oración.

Cuando le conté a Kimberly acerca de esta oportunidad, le recordé mi experiencia de dar culto allí. Le hablé de la orientación pro-vida de la universidad, desde su rector, el Padre Michael Scanlan, y la facultad, hasta los estudiantes. Le hice conocer que Franciscan University tenía más de cien estudiantes graduándose en teología —más que Catholic University o Notre Dame— además de un programa de maestría en teología con una especialización en matrimonio y familia. Por primera vez en más de cinco años, estábamos orando de nuevo con un solo corazón.

Para Navidad, manejamos hasta Steubenville para la entrevista inicial con el Padre Michael Scanlan y el Dr. Schreck. El día anterior a nuestra salida, Kimberly sufrió un segundo aborto espontáneo. Yo me sentí abrumado, ella estaba devastada. Hacia el fin de la entrevista con nosotros dos, Kimberly contó lo que nos acababa de pasar. Y luego le pidió al Padre —¡un sacerdote católico!— que rezara sobre ella. Sin dudarlo un momento, él se levantó del otro lado de su escritorio, vino a imponer su mano sobre los hombros de ella, y empezó a invocar la gracia sanadora de Dios en oración.

Durante la entrevista, el Padre Scanlan compartió sobre

sus propias luchas en el pasado respecto a ciertas doctrinas y devociones marianas. Nada podría haberle gustado más a Kimberly que escuchar lo que le costó a un sacerdote católico crecer en su compresión y aprecio hacia María. Ella escuchaba atentamente mientras él continuaba explicando su reciente descubrimiento de cuán bíblicas y cristocéntricas son en realidad la doctrina y devoción marianas, cuando son debidamente entendidas y practicadas como el Concilio Vaticano II las presenta. Fue algo breve pero efectivo.

Varias semanas pasaron antes de que yo volara de nuevo para una segunda entrevista y para dar una conferencia al cuerpo estudiantil. Ambas cosas resultaron muy bien. El tiempo que pasé con Alan y Nanci Schreck fue particularmente cordial. Además de ser magníficos anfitriones, empezaron a ser mis buenos amigos. A los pocos días de regresar a casa, supimos de parte de Alan que se me estaba ofreciendo el trabajo. Para entonces nuestras oraciones pidiendo la guía divina eran cualquier cosa menos neutrales. Con gran ansia aceptamos la oferta.

Aunque parezca raro, yo estaba más inseguro que nunca sobre cuál seguía siendo la postura de Kimberly en cuanto a lo católico. Finalmente había aprendido la lección martillada en mi cabeza por Gil Kaufmann, un buen amigo del Opus Dei: Refuerza más el romance y recalca menos la doctrina.

Volé de nuevo a California para hablar en una conferencia nacional sobre apologética patrocinada por Catholic Answers. Mucha gente allí había oído «La Grabación», y estaban haciendo preguntas sobre Kimberly. Después de terminar mi exposición, la primera pregunta fue más o menos así: «Scott, todos aquí hemos oído la grabación que hiciste hace unos pocos meses. Dinos cómo está haciendo tu esposa en su lucha con la fe católica.» Fue bochornoso, pero tuve que decirles que yo no sabía.

Más tarde en la noche, llamé por teléfono a Kimberly a la casa de los Schreck en Steubenville, donde ella estaba pasando el fin de semana mientras buscaba una casa. Cuando le conté acerca de toda la gente de la conferencia que había escuchado la grabación y que quería saber cómo estaba ella pensando ahora, le pregunté si había algo que ella quisiera que yo les dijera. No me esperaba del todo su respuesta.

Después de una pausa, me dijo: «Diles que cuando venía manejando ayer hacia Steubenville, en Miércoles de Ceniza, después de mucha reflexión y oración, ahora está claro para mí que Dios me está llamando a volver a casa en Pascua».

Ninguno de los dos pudo hablar durante más de un minuto. Luego las lágrimas, las oraciones y el regocijo empezaron.

En poco tiempo, todos en la conferencia lo sabían.

Kimberly fue recibida en la iglesia Saint Patrick de Joliet, durante la Vigilia Pascual de 1990. (La fecha parecía un poco irónica: hacía cinco años que 1990 había sido establecido como la fecha más temprana en que yo podría entrar a la Iglesia: Mi fecha se había convertido en la suya.) La alegría durante la espera de la entrada de Kimberly a veces era incontenible; esto hacía el entrar dentro del espíritu de penitencia de la Cuaresma un verdadero reto para los dos. Nuestra celebración de Semana Santa nunca había sido tan especial.

A mitad de la Semana Santa le pregunté a Kimberly de modo casual: «¿A quien has escogido por tu santo patrono?»

Me quedó viendo aturdida. «¿De qué estás hablando?»

Le expliqué: «Cuando uno es confirmado, tiene la opción de escoger un nombre de confirmación que es tomado de un santo patrono a quien uno se siente más cercano.

Por ejemplo, cuando yo entré a la Iglesia, yo escogí San Francisco de Sales».

Kimberly parecía no entender todavía. Me preguntó: «¿Por qué él?»

Le expliqué con detalles: «San Francisco de Sales era el obispo de Ginebra, Suiza, cuando Juan Calvino estaba apartando a la gente lejos de la fe católica. Descubrí por mis lecturas que San Francisco de Sales era un predicador y apologista tan eficiente a través de sus sermones y panfletos, que más de cuarenta mil calvinistas volvieron a la Iglesia. Así que me imaginé que si él podía guiar de regreso a todos ésos, podría guiar de regreso a uno más ahora. Además, San Francisco de Sales ha sido declarado patrono de la Prensa católica, y como yo adquirí cerca de quince mil libros, creí que era la opción natural para mí.»

Kimberly se alejó con un aspecto más bien pensativo: «Creo que tengo que orar respecto a esto, y ver si el Señor me trae a alguien a la mente».

No se lo dije, pero yo ya tenía una primera opción para su santo patrono. Dos años atrás, poco después de entrar a la Iglesia, asistí a una conferencia de la Asociación de Intelectuales Católicos, donde estuve con un muy conocido teólogo, Germain Grisez. Me senté con él y su esposa Jeannette, en el banquete del sábado por la noche. Les comenté todo acerca del entusiamo de mi conversión, lo mismo que de mi congoja por la renuencia de Kimberly.

Al final de nuestro compartir, ambos se miraron el uno al otro, y luego a mí. Germain dijo: «Nosotros sabemos exactamente qué hacer».

Yo no capté el sentido de su enigmática observación. «¿Qué es lo que quieres decir?»

Ambos empezaron a contarme acerca de Santa Elizabeth Ann Seton: ama de casa, madre de cinco niños, católica convertida del protestantismo y fundadora de las Hermanas

de la Caridad norteamericanas. Había sido recientemente canonizada como la primera santa nacida en Norteamérica. También mencionaron que su basílica estaba cerca de la casa de ellos en Emmitsburg, Maryland.

Oírles hablar de Santa Elizabeth Ann Seton fue interesante, pero esto no se me presentó como el momento culminante de la conferencia sino hasta más tarde.

En una semana recibí un paquete por correo. Cuando vi «Germain and Jeannette Grisez» en la dirección del remitente, pensé que era algún artículo religioso católico, así que subí a mi estudio para abrirlo lejos de la mirada ansiosa de Kimberly. Dentro había una copia de la biografía de Santa Elizabeth Ann Seton por Joseph Dirvin, y algo que yo nunca había visto antes: un pequeño relicario conteniendo una reliquia de Madre Seton.

No tenía idea sobre qué hacer con el relicario, así que le pedí a un amigo católico que me explicara qué era. Después, empecé a llevar el relicario en mi bolsa. Servía como un recordatorio, cuando las cosas se ponían tensas entre Kimberly y yo, para encomendar su causa al Señor bajo el patrocinio e intercesión de la Madre Seton.

Un dia ocurrió lo inevitable. Al vaciar mis bolsillos para lavar la ropa, Kimberly encontró el relicario.

«Scott, ¿qué cosa es esto?»

Sentí escalofríos. Con mal disimulado tono nervioso tartamudeé: «Oh, no es nada Kimberly, realmente no es nada. Seguro que no te interesa saber».

Lo observó por un momento con recelo; —podría decir que ella temía que si seguía preguntando, yo le explicaría algo que ella realmente no estaba interesada en oír— y así me lo regresó.

En una combinación de miedo y prudencia, dejé de llevar el relicario conmigo y lo puse en la parte de atrás de la gaveta de mi escritorio. Y para entonces, ya había escondido

la biografía en el estante del fondo de la esquina más oculta de mi oficina.

Me doy cuenta ahora de que probablemente no debía haberme sentido sorprendido dos años después, pero sí lo estaba.

El día después de que le pregunté a Kimberly acerca de su nombre de confirmación y santo patrono, mientras me preparaba para acostarme le pregunté: «¿Qué es lo que estás leyendo, Kimberly?»

«Es un libro sobre Santa Elizabeth Ann Seton».

Me detuve a medio ponerme la pijama. «Kimberly, ¿puedo saber adónde encontraste eso?»

Con tono indiferente me explicó: «Bueno, Scott, estuve hurgando en tus libros hoy, y saqué este de casualidad».

Me desentendí de los escalofríos que me corrían de arriba abajo en la espalda. «Y bien, ¿qué te parece?»

«¡Oh, vaya!» dijo con emoción, «lo he estado leyendo por horas, Scott, y creo que he encontrado a mi santa patrona».

¡O ella te encontró a ti!, pensé.

Todo lo que pude hacer fue exclamar: «¿De veras?» (En ese momento yo ya no tenía seguridad de dónde termina la «comunión de los santos», y dónde empieza la zona fantasma.) Luego me senté sobre la cama y le expliqué lo que había pasado dos años antes. Después de lo cual le di la reliquia.

Terminamos el día con una corta oración de agradecimiento a Dios y a su maravillosa hija, nuestra hermana espiritual en Cristo: Santa Elizabeth Ann Seton.

Por fin llegó la noche trascendental. Kimberly se fue hacia la misa de la Vigilia Pascual media hora antes para que el Padre Memenas pudiera oír su primera confesión.

A media misa, Kimberly me pasó un papelito. Lo miré y leí las siguientes líneas: «Mi querido Scott, estoy *tan* agra-

decida por ti y por tu esfuerzo en lograr este paso para nosotros. Te amo. K». Me sentí tan paralizado por el gozo que no pude decir nada; pero la sonrisa y las lágrimas fueron suficientes para que Kimberly supiera lo que yo estaba pensando.

Compartimos la Eucaristía juntos por primera vez esa noche. Fue un culmen adecuado, para este vertiginoso romance religioso, el que mi esposa y yo estuviéramos de nuevo unidos por medio de Cristo y Su Esposa.

Kimberly:

Una semana después del bautizo de Hannah nos mudamos a Joliet, Illinois. Fue un tiempo muy atareado para nosotros, tratando de acomodarnos en una nueva casa, la primera que comprábamos, ajustándonos a nuestro nuevo bebé, y empezando la aventura de educación en casa para los niños por primera vez. Scott estaba dando clases a tiempo completo en la universidad de Saint Francis, en el departamento de teología, y estaba encantado con ello. ¡Nuestra vida era tan ocupada!

Para mí, fue como el deshielo primaveral después de mi invierno. De corazón quería ahora estudiar, especialmente el bautismo. Scott se las arregló para cuidar a los niños de modo que yo pudiera dedicar tiempo al estudio. Lejos de ver los días de mi seminario como pérdida de tiempo, me di cuenta de que en ellos había adquirido herramientas con las cuales podía estudiar seria y detenidamente la Escritura. Fue para mí una grata sorpresa la que encontré al estudiar a especialistas católicos de la Biblia; no sé por qué razón yo pensaba que los católicos se limitaban a citar documentos papales. Pude apreciar mejor cómo Hannah había sido transformada en hija de Dios por el bautismo, al nacer de

nuevo por el agua y el Espíritu. Lo que estudiaba sobre el bautismo, tenía un enlace directo con lo que yo había estudiado sobre la justificación. Igual que Scott, mis estudios en el seminario me habían llevado a rechazar como no bíblica la enseñanza protestante de la justificiación *sólo por la fe*. El bautismo de infantes ponía el énfasis en la justificación *sólo por gracia*. Estaba maravillada de la belleza de los tratados escriturísticos católicos sobre la justificación y el bautismo.

Yo evitaba ir a misa desde la Vigilia Pascual en que Scott entró a la Iglesia, dos años atrás. Al asistir ahora a la ceremonia del Miércoles de Ceniza en una capilla pequeña, quedé sorprendida de cuán hondamente la liturgia me llegó. El llamado al arrepentimiento era tan claro que yo me preguntaba cómo varios de nuestros amigos ex-católicos pudieron dejar de notarlo, y decían que nunca habían sentido el llamado al Evangelio en la Iglesia católica.

En cuanto Scott se hizo católico, parecía que nuestros varoncitos (ahora de dos y tres años) quisieron empezar a hablar acerca de ser sacerdotes. ¡No podía creer lo que oía! Por ese tiempo, esto me hería en carne viva. Pero en Joliet me encontré con una cantidad de maravillosos sacerdotes, llenos de fe. Y mi corazón empezaba a cambiar de actitud en cuanto al llamado que Dios quisiera hacer en las vidas de nuestros hijos. Sentí agrado por el deseo expresado por nuestro hijo Gabriel, entonces de tres años, cuando dijo: «Mami, no hay suficientes sacerdotes y monjas en el mundo. Quiero ser sacerdote para ir por todo el mundo haciendo más sacerdotes y monjas». Este cambio en mí sólo podía venir del Señor.

Empecé a plantear las preguntas en mi oración, de un modo distinto. Primero le pedía al Señor que me diera la perspectiva de su corazón y de su mente con relación a la Eucaristía y los otros sacramentos. En vez de con gritos lastimeros —causados por las confrontaciones Scott contra

Kimberly en estos temas— comenzaba tratando de acercarme a Dios y a buscar su punto de vista, abierta a su enfoque, aunque éste fuera católico romano.

Tenía aún momentos de gran angustia, por la sensación de estar siendo absorbida hacia el vacío, de no ser capaz de pensar con suficiente claridad, pues, si lo hiciera, podría ver los errores de la Iglesia católica. Tenía aún momentos de sollozos tan profundos en mi ser, que me dejaban casi sin respiración al sentir el peso del miedo hacia lo desconocido.

Pero tenía también ahora momentos de gracia increíbles, que me hacían ver con más claridad. A veces no podía distinguir dónde empezaban mis convicciones y dónde terminaba mi obstinación. Pero Dios, en su misericordia, iba guiándome.

Scott y yo acordamos que cuando Michael tuviera siete años, recibiría su Primera Comunión, y que los niños serían católicos. Pero esta programación no surgió de mis reflexiones. No podría lidiar con la presión que esto traería. Trataba más bien de concentrarme en las consecuencias.

Scott me animó a aprovechar la oportunidad de visitar a unos amigos que eran ministros en Virginia, durante la primavera de 1988. Tenía una cantidad de preguntas que esperaba ellos pudieran ayudarme a resolver.

Fue un viaje muy fructífero, que permitió renovar amistades alejadas por la conversión de Scott, y tener interesantes conversaciones teológicas. Al tratar de explicar a nuestros amigos por qué Scott decía lo que decía, empecé a convencerme de la lógica que había en sus argumentos, aunque no era ésto necesariamente lo que yo quería.

Jack y yo empezamos por leer, frase por frase, el pasaje de Juan 6,52–69, analizando la posición católica. Aunque había leído Juan por completo varias veces en mi vida, nunca me había sentido tan impresionada por la fuerza de las

palabras de Jesús cuando dice, una y otra vez, que debemos comer (incluso masticar) y beber su cuerpo y sangre para tener su vida.

Dije: «Jack, ¿cómo entiendes eso?»

«Creo que Jesús está enseñando acerca de la fe, Kimberly».

Era la misma forma de analizar que se nos había dado en las clases que tomamos juntos en el seminario.

«Espera un momento. ¿Te estás basando en la frase: «la carne es inútil» del versículo 63? Lee el resto del versículo: «El Espíritu es el que da vida, la carne es inútil.» Es el Espíritu el que da vida… En otras palabras, Jesús no le estaba diciendo a la gente: «Vengan, y uno puede coger un pedazo de mi mano y otro un pedazo de mi pie…» Él estaba refiriéndose a un tiempo después de su Muerte, Resurrección y Ascensión, cuando el Espíritu le daría a sus discípulos Su cuerpo glorificado de modo que Su carne pudiera ser dadora de vida para el mundo.

«Además, Jack, ¿por qué había de ofender tanto a los judíos el que Jesús estuviera hablando sólo acerca de fe y un sacrificio simbólico de Su cuerpo y sangre? Ellos se fueron disgustados, pensando que Jesús estaba hablando de canibalismo… ¿Por qué Jesús dejaría marcharse a la mayoría de sus discípulos sólo por un malentendido tan básico, sin aclarar nunca, ni siquiera para sus discípulos más cercanos, que Él estaba sólo hablando de la fe en un mero símbolo de Su eventual sacrificio? Al menos para con sus discípulos más cercanos, Él aclaraba malas interpretaciones de sus enseñanzas en otros pasajes de la Escritura».

Jack no veía las dificultades que yo veía en la interpretación protestante de este pasaje, pero yo sí estaba sintiendo por primera vez la fuerza de los argumentos católicos. Esta discusión trajo también luz sobre otro problema distinto que yo tenía respecto a la transubstanciación: ¿Cómo pudo

Jesús, en su humanidad, dar a sus discípulos en la Ultima Cena el cuerpo y la sangre que ahí Él mismo tenía? Y si no lo hizo ahí, entonces ¿cómo podemos decir que nuestra repetición de este acto es más que un mero símbolo?

Yo sabía que los católicos respondían que esto era un milagro, pero esto me había parecido siempre una salida explicativa demasiado fácil, hasta que pude caer en la cuenta de su relación con las enseñanzas de la primera parte del capítulo 6 de Juan, sobre el milagro de los panes y los peces. La multiplicación del pan (versículos 1–15), y el subsiguiente caminar de Jesús sobre las aguas, algo que está más allá de las leyes de la naturaleza (versículos 16–21), forman un tríptico con el discurso en Cafarnaún (versículos 22–71) que apuntan hacia la forma milagrosa de la multiplicación del cuerpo y la sangre de Jesús para la vida del mundo: Jesús puede hacer con el pan lo que Él quiera; Jesús puede hacer con su cuerpo lo que Él quiera; Jesús puede hacer que el pan se convierta en su cuerpo, y que nosotros seamos capaces de alimentarnos de Él. Aunque en su sola humanidad Jesús no hubiera podido separar su cuerpo y su sangre en la Sala de Arriba para ofrecérselos a sus discípulos, Él nunca fue únicamente humano. Ya que Jesús era totalmente divino y totalmente humano, podía estar allí sentado con su cuerpo y con su sangre, y al mismo tiempo convertir el pan y el vino en su cuerpo y sangre.

Después de esto, visité a otro amigo pastor, Bill, y a su esposa Lisanne. Tras un rato de plática, Bill preguntó: «¿Qué va a pasar con tus hijos?»

«Nuestros hijos serán educados como católicos, tarde o temprano. Realmente no tengo alternativa».

«Sí que tienes alternativa», me aseguró Bill: «puedes quedarte con los niños y divorciarte, porque él ha abandonado la fe y abrazado una herejía».

«Eso no sería posible, Bill, porque yo sé que Scott ha

actuado con mucha integridad cristiana como para sencillamente considerarlo ahora perdido espiritualmente, lle-
vándome a los niños».

Bill y Lisanne hicieron cantidad de preguntas y me brin-
daron una real oportunidad de compartir lo que tenía en
mi corazón, a diferencia de la mayoría de amigos protestantes que teníamos. Más adelante en la plática les dije: «Mi-
ren, yo no soy una relativista, y ustedes tampoco. Si yo
llegara a integrarme a la Iglesia católica —lo cual ciertamente no quiero— si yo llegara a convercerme de que es la
verdadera, ¡me los llevaría también a ustedes dos conmigo!»

(Pocos meses más tarde Bill llamó a Scott para pedirle
perdón por haberme aconsejado divorciarme de él, y le
dijo que mis explicaciones sobre las creencias de Scott habían sido tan convincentes, que él había empezado a estudiar la Iglesia católica con seriedad. Lisanne vino a ser mi
compañera de estudio a distancia. Ambas estábamos en similar situación: teniendo que estudiar estas cosas, y al mismo tiempo con sentimientos contradictorios respecto a
ésto. Leíamos sobre un tema o un libro, y luego teníamos
pláticas de una a tres horas dos veces al mes. Unos meses
después de mi conversión, Bill y Lisanne se integraron también a la Iglesia, en medio de muchos sufrimientos causados por excomuniones de parte de su antigua iglesia y
denominación.)

Volví a casa después de este viaje con emociones contra-
dictorias. Más piezas se habían sumado al rompecabezas católico, pero podría afirmar que algunas de mis amistades
protestantes se volverían muy delicadas si yo continuaba
con mi búsqueda. Tenía todavía mis momentos de depresión y soledad. Y sentía que algunas de nuestras nuevas
amistades católicas desconfiaban de mí.

Yo no estaba tan segura de que los católicos creyeran lo
que yo estaba estudiando como supuestas creencias católi-

cas. Cuando íbamos a misa, la gente venía y se quedaba con sus abrigos puestos dando la impresión de estar listos a salir en estampida en cuanto recibieran la hostia. (¡Yo nunca iría a una cena en casa ajena, dejándome el abrigo puesto!). Para una evangélica protestante, acostumbrada a la fraternidad y amistosa conversación después del culto, resultaba un trastorno descubrir que la mayoría de las personas no tenían la menor intención de permanecer y saludarse unos a otros.

Veía a gente que se acercaba a recibir la comunión y salía inmediatamente por la puerta (supongo que para ser los primeros en sacar sus carros del lote de estacionamiento). ¿Se pueden imaginar que alguien sea invitado a cenar y ni siquiera agradezca a quien lo invitó y le dio de comer? ¡Y, sin embargo, supuestamente esta gente estaba recibiendo al Señor del universo, al Dios-hombre que murió para salvarlos! ¡Y éstos no tenían tiempo para darle gracias por este don tan increíble! Scott le llamaba a ésto la salida de Judas: recibir y largarse.

Una noche, tuvimos la oportunidad de asistir a una misa después de la cual hubo una procesión eucarística. Yo nunca había visto esto antes. Al ver que, fila tras fila, hombres y mujeres maduros se arrodillaban e inclinaban al paso de la custodia, pensé: Esta gente realmente cree que eso es el Señor y no sólo pan y vino. Y si es Jesús, ésta es la única reacción apropiada. Si uno se arrodilla delante de un rey hoy, ¡cuánto más debe hacerlo delante del Rey de Reyes y Señor de Señores! ¿Será prudente no arrodillarme?

Pero seguí cavilando: ¿Y si no es Jesús? Si no es Jesús el que está en la custodia, entonces lo que están haciendo éstos es grosera idolatría. ¿Será, pues, prudente arrodillarse? Esta situación hacía recalcar lo que Scott solía decir: La Iglesia católica no es una denominación más: o es verdadera, o es diabólica.

Como tenía que decidir, ya que la custodia se acercaba, hice un vacilante movimiento medio hacia arriba y medio hacia abajo. Una vez más sentí que el Espíritu Santo me daba un codazo para continuar mi estudio con seriedad, porque aquí no se trataba simplemente de escoger mi denominación favorita.

A pesar de que no estaba pensando tomar ningún compromiso con la Iglesia católica, algunos nuevos amigos fundamentalistas se me alejaron porque les parecía que yo me estaba volviendo demasiado católica. Como si no se dieran cuenta que todos estamos en el regazo del Padre, y quisieran echarme diciendo: «Tú no tienes derecho de estar aquí! ¡Tú te estás convirtiendo en católica romana!»

Sin embargo, todavía tenía grandes objeciones para convertirme, especialmente María. Scott lo comprendía bien; él también pasó por lo mismo. Cuando supo que el Dr. Mark Miravalle iba a hacer una presentación sobre María en nuestra universidad, me invitó a la conferencia. Pensé que no era mala idea asistir a la presentación y escuchar, variando así los encontronazos en los que frecuentemente Scott y yo caíamos.

No todo lo que oí me gustó; me quedé con muchas preguntas. Pero tampoco estaba a la defensiva como antes. Escuché cómo el Dr. Miravalle aclaraba lo que la Iglesia católica enseña sobre María. Primero, que ella no es una diosa: es digna de honor y veneración pero no de adoración, ya que ésta sólo es debida a Dios. Segundo, que María es una criatura formada de una manera única por su Hijo, como ninguna otra madre había sido ni será después de ella. Tercero, que María se regocijó en Dios su salvador, como ella misma afirma en el Magníficat, porque ella fue salvada del pecado por Jesús, desde el momento de su concepción. En otras palabras, su impecabilidad era un don de gracia que la salvó antes de pecar. (En realidad, Dios ha sal-

vado a muchos de nosotros de un libertinaje feroz antes de que cayéramos en él; yo aceptaba que era posible, entonces, que María hubiese sido salvada mucho antes.)

Cuarto, el título de María como Reina del Cielo, no le venía por estar casada con Dios, —como yo creía— sino que se basaba en el honor de ser la Reina Madre de Jesús, el Rey de Reyes, e Hijo de David. En el Antiguo Testamento, el rey Salomón, hijo de David, elevó a su madre Betsabé a un trono a su derecha, rindiéndole homenaje en su corte como a Reina Madre. Y en el Nuevo Testamento, Jesús elevó a su madre, la Bienaventurada Virgen María, al trono que está a su derecha en el cielo, obligándonos a rendirle homenaje como a la Reina Madre del cielo.

Quinto, la misión de María era señalar más allá de ella hacia su Hijo, diciendo: «Hagan lo que Él diga». Me di cuenta en este momento que, ciertos ejemplos de piedad mariana que se centraban demasiado en María hasta el punto de relegar a Jesús, quizá no correspondían a las enseñanzas católicas sobre ella. Quizá las buenas almas que hacían esto ni siquiera se daban cuenta de que estaban ofendiendo a la Virgen Bendita en sus intentos por honrarla, al descuidar la misión primaria de María que es llevarnos hacia su Hijo.

Cuando Scott y yo regresamos a casa esa noche, tuvimos una buena plática sobre las afirmaciones del Dr. Miravalle. Él añadió una descripción de María como la obra maestra de Dios, que encontré muy útil.

«María es la obra maestra de Dios. ¿Has ido alguna vez a un museo donde un artista esté exponiendo sus obras? ¿Crees que él se ofendería si te entretuvieses mirando la que él considera su obra maestra? ¿Se resentiría porque te quedaras contemplando su obra en vez de a él? ¡Oye!, es a mí a quien tienes que mirar!» En vez de eso, el artista se siente honrado por la atención que le estás dedicando a su obra. Y María es la obra por excelencia de Dios, de principio a fin».

Scott continuó: «Y si alguien elogia a uno de nuestros hijos delante de ti, ¿le vas a interrumpir diciendo: «Demos el reconocimiento a quien realmente le corresponde»? …No, tú sabes que recibes honra cuando nuestros hijos la reciben. Del mismo modo, Dios es glorificado y honrado cuando sus hijos reciben honra».

Con estos pensamientos hice mi oración esa noche, y por primera vez pregunté a Dios cuál era su pensamiento sobre María. Las frases que vinieron a mi corazón fueron estas: «Ella es mi hija amada», «mi hija fiel», «mi preciosa vasija», y «mi arca de la Alianza que lleva a Jesús al mundo».

No podía concebir por qué los católicos daban la impresión de adorar a María, aun cuando yo sabía que la adoración de María estaba claramente condenada por la Iglesia. Me vino entonces esta idea: Los protestantes definen la adoración en términos de cantos, alabanzas y prédica. Así que, cuando los católicos cantan a María, le hacen súplicas en oración y predican sobre ella, los protestantes interpretan que ella está siendo adorada. Pero los católicos definen adoración como el sacrificio del Cuerpo y la Sangre de Jesús, y nunca los católicos ofrecerían un sacrificio de María o para María sobre el altar. Este fue un benéfico alimento para mi mente.

Muchas de las cuestiones teológicas más importantes estaban resueltas, pero aún había un muro, un obstáculo emocional, que requería un don sobrenatural de fe sólo para intentar reconocerlo, ¡qué más para vencerlo!… En noviembre de 1988 escribí: «Donde hay muerte, Dios puede traer resurrección; pero, no se puede resucitar lo que no está completamente muerto. ¿He muerto al fin? ¿Estoy completamente disponible para ti, Señor, para morir a mí misma y vivir en ti? Es muy difícil seguir esquivando la depresión y desesperación. Pero aún en medio de mi embro-

llo te alabo, Señor, porque tú conoces la salida desde el principio».

Un día en que estaba teniendo problemas especialmente con los niños, un amigo llamó por teléfono. Le conté que estaba teniendo un día tremendo, y él dijo: «¿Por qué no piensas en María como la madre maravillosa a la cual puedes recurrir por ayuda?»

Yo dije: «Seamos honestos. Primero que todo, me estás diciendo que trate con una mujer que nunca pecó. Segundo, me estás hablando de una mujer que tuvo sólo un hijo, el cual era perfecto. Piensa tan sólo en esto: Si algo está malo en la cena, todos vuelven a ver a San José ¡tiene que ser culpa de él! Yo no creo en eso de rezarle a los santos. Pero si lo hiciera, me dirigiría a San José. ¡No tengo ninguna cercanía con María!»

(Más tarde yo comentaría esta historia con una amiga que estaba preocupada por el hecho de que yo no pudiera dirigirme a María. Después de pensar por un rato, ella dijo: «Kimberly, lo que dices es cierto: ella es perfecta y tuvo sólo un hijo también perfecto; pero si realmente ella es la madre de todos los creyentes, ¡piensa tan sólo cuántos hijos difíciles tiene!»)

Fue en este tiempo que Dios, en su misericordia, nos concedió un sufrimiento especial: perdimos dos bebés prematuros en 1989: uno en enero, (Raphael) y otro en diciembre (Noel Francis). Digo *en su misericordia* porque Él tiene una manera tremenda de usar el dolor y el sufrimiento para apartar de nosotros muchas cosas no esenciales y acercarnos más a Él. Como dice la Madre Teresa, nuestros sufrimientos son caricias bondadosas de Dios, llamándonos para que volvamos a Él, y hacernos reconocer que no somos nosotros los que estamos en control de nuestras vidas, sino que es Él quien tiene el control y podemos confiar plenamente en Él. Comprendí más profundamente las

verdades que había ya aceptado respecto a la anticoncepción, en lo relativo al don de nuevas vidas por parte de Dios, y empecé a entender de un modo personal la naturaleza redentora de nuestros sufrimientos.

El cielo se convirtió en una realidad más plena. Hasta entonces yo concebía el cielo como algo sólo entre Jesús y yo. Se me había enseñado que pensar en estar con alguien más en el cielo iba, en cierto modo, en detrimento de la gloria y maravilla de estar con Jesús. Pero con cada bebé perdido, una parte de mí había muerto. Añoraba estar con esos niños para sostenerlos y conocer sus preciosas almas. El gozo de volvernos a reunir con aquellos que amamos —padres, hermanos, hijos— quienes con nosotros amén al Señor, es un gozo que manifiesta la gloria de Dios, reflejando, no opacando, la luz de su gloria.

El cielo es descrito como una gran celebración, ¡como la fiesta de bodas del Cordero! Ciertamente al perfeccionarse el amor, no es aniquilado, sino que llega a su máximo florecimiento en la presencia de nuestro Dios.

Después de una cirugía por embarazo extrauterino en enero 22 de 1989, estaba postrada en mi cuarto de hospital, lleno de vacío, con un gran sentimiento de soledad por la pérdida de esta vida dentro de mí, y con el intenso dolor físico en la herida de la operación cesárea que me habían hecho (sin el consuelo natural de un pequeño a quien abrazar). Scott se había ido a casa para estar con nuestros otros tres niños, a quienes no se les permitía visitarme en el hospital durante mis cuatro días de recuperación. Y para hacer las cosas peores, el doctor me había metido en la sección de maternidad, donde podía escuchar a los bebés y a sus madres a lo largo de todos los días de mi estancia.

Mientras derramaba mi corazón ante el Señor, imaginando a mi bebé separado de mí pero en sus brazos, Él me trajo a la mente pasajes de la Escritura que había aprendido

tiempo atrás en Hebreos 11 y 12. (Es de notar qué importante fue el que yo memorizara estos textos de la Escritura, pues así Dios pudo traerlos a mi corazón en un momento de crisis, cuando no tenía acceso a su Palabra. Los católicos pueden y deben memorizar la Escritura; ¡los protestantes no tienen ningún gen especial que les haga más fácil aprenderlos!)

Hebreos 11 es aquel gran capítulo sobre la fe que menciona a santos maravillosos que arriesgaron tanto, incluso sus vidas, por Dios. El principio del capítulo 12 dice: «Por tanto, también nosotros, teniendo en torno nuestro una gran nube de testigos, sacudamos todo lastre y el pecado que nos asedia, y corramos con fortaleza la prueba que se nos propone, fijos los ojos en Jesús, el que inicia y consuma nuestra fe».

Yo creía, según mi entender protestante, que la comunión de los santos que afirmaba en el credo significaba que los santos en el cielo tienen comunión entre ellos, y los santos en la tierra tienen comunión entre ellos, pero que el contacto de cielo y tierra es sólo entre cada uno de nosotros y el Señor. Después de todo, el Antiguo Testamento condena claramente la necromancia: consultar a los muertos para saber el futuro.

Pero Hebreos 12 parecía decir que estamos rodeados (tiempo presente del verbo) en nuestra prueba de aquí abajo, por todos los hermanos y hermanas que han partido antes de nosotros. En otras palabras, yo no estaba sola en mi cuarto de hospital. Yo sabía que Jesús estaba allí, pero también estaban muchos hermanos y hermanas que habían muerto antes de mí. Es como si estuviésemos en un estadio olímpico, y la gente en las graderías fueran antiguos medallistas en la prueba en la cual estamos ahora compitiendo. Ellos saben lo que costó ganar, y ahora están rodeándonos y arengándonos.

En esa nube de testigos presente allí mismo en mi cuarto del hospital, seguramente había santas que habían perdido hijos de más edad que mi bebé, o cuyos esposos habían muerto (no simplemente se habían ido a casa a cuidar a sus otros niños), o cuyas experiencias de soledad fueron peores que las que yo había experimentado y cuya condición física había sido peor que la mía. Pero no estaban allí para juzgarme, afilando sus lenguas sobre mi miserable incapacidad de superar la tristeza y la soledad. Más bien estaban para servirme con su ministerio en nombre del Señor, de compasión e intercesión por mí, mientras yacía allí con tanto dolor y pesar.

Si las oraciones del justo son tan poderosas, como dice Santiago 5,16, ¿cuánto más las de aquellos que ya han sido perfeccionados? Si yo puedo pedirle a mi madre en la tierra que rece por mí, y yo sé que el Señor oirá sus peticiones, ¿por qué no puedo pedirle a la madre de Jesús que ore por mí? Esto no es lo mismo que necromancia: estas almas son de los vivos, no de los muertos. Y yo no les estoy pidiendo que me predigan el futuro, les estoy pidiendo que intercedan por mí, exactamente como le pido a mis hermanos y hermanas en Cristo aquí en la tierra que intercedan por mí. No les estaba rezando a ellos en vez de a Jesús, sino dirigiéndome con ellos a Jesús, como lo hago en la tierra.

Esta oración de intercesión en ningún modo disminuye la gloria de Dios; más bien la manifiesta, porque estamos viviendo como hermanos y hermanas confiados en Él. Más textos de la Escritura cobraban ahora sentido, y empecé a regocijarme en la rica doctrina de la comunión de los santos: ¡esta gente eran en realidad mis hermanos mayores en el Señor!

Hasta ese entonces, los crucifijos me habían molestado. Pero al estar postrada en camas de hospital (sólo por uno de los partos prematuros tuve tres hospitalizaciones), miraba al

crucifijo y rezaba: «Jesús, el mero hecho de que estuvieses en esa cruz le da sentido a mis sufrimientos, porque puedo ofrecértelos. Y sin embargo el sufrimiento que yo padecía no tiene comparación con el sufrimeinto que tú soportaste». Su sufrimiento le daba perspectiva a mis sufrimientos, y yo estaba muy agradecida por eso. Estas hospitalizaciones eran instrumentos de Dios para atraerme más cerca de Él que antes.

La siguiente vez que asistimos a misa en familia, tuve la fuerte sensación de que toda nuestra familia estaba unida. La Escritura enseña que los que están en el cielo participan de la misma liturgia que los de la tierra. Así que, en la presencia del Señor nuestra familia era una.

Platiqué con mi hermana menor, quien había tenido ya cinco pérdidas, acerca de cómo afrontaba ella la posibilidad de sufrimiento de un nuevo parto fallido una y otra vez. Kari se refirió a esos preciosos niños que su esposo y ella habían perdido, como sus tesoros guardados en el cielo. Me di cuenta que, como ella, también Scott y yo teníamos tesoros en el cielo, con estas dos queridas almitas. El Señor nos concedía el tener guerreros especiales de oración para nuestra familia.

Entonces nuestra hija Hannah (de año y medio), estuvo en el hospital para Pascua, con deshidratación. Una cosa era estar yo en el hospital con mis propios sufrimientos, y otra estar al lado de la cama de mi hija con su sufrimiento día y noche. Cuando ingresó al hospital tenía fiebre muy alta, y a los cinco días le subió hasta 105.2 grados Farenheit.

Las enfermeras vinieron corriendo para ponerle paños con hielo en su cuerpo tratando de bajar la fiebre rápidamente. Yo estaba durmiendo en su cuarto, y me levanté de un salto para ayudar. Afortunadamente, no siendo enfermera, no tenía ni idea de lo serio de la situación.

En cuanto su cuerpecito ardiendo calentaba una de las

toallas, se la quitábamos y le poníamos otra helada. Era imprescindible que lográramos bajarle la fiebre. Hannah estaba allí postrada con un brazo ligado a un tubo intravenoso, y con el otro estirado hacia mí, tanto cuanto le era posible, temblando fuertemente todo su cuerpo. Ella gritaba: «¡Mami! ¡Mami!»

Hannah no podía entender lo que yo hacía. Se suponía que yo estaba allí para protegerla de daño, y lo que estaba haciendo era ponerle esos paños que le causaban tanto dolor e incomodidad. No se lo podía explicar, pero yo sabía que estaba haciendo la cosa más amorosa para ella.

En medio de todo esto, sentí que el Señor puso su mano en mi hombro y dijo: «Kimberly, ¿ves qué buena madre eres? Tú amas a tu hija, y por eso le causas dolor para que pueda sanarse. ¿Te das cuenta de cómo te he amado yo, hija mía? Te he hecho sufrir para sanarte, para atraerte a mi lado». Aunque las enfermeras estaban concentradas en aliviar a Hannah, dentro de mí se estaba realizando al mismo tiempo una profunda curación, y lloré por las dos.

En este momento de mi vida, me di cuenta de que tendría que enfrentar una nueva aflicción: si tomaba la decisión de no seguir siendo la única protestante en mi familia inmediata, tendría una nueva ruptura como la única católica en el resto de mi parentela. ¿Cómo podría escoger separarme de mi familia, dentro de la cual había sido educada y compartido tremendos lazos espirituales? ¿Cómo sería posible que las mismas personas que me llevaron a la mesa del Señor no podrían de ahora en adelante participar conmigo en ella? Nuevas preguntas y pesares.

Las conversaciones con mis padres y hermanos sobre temas de la Escritura se volvieron más difíciles; las mismas Escrituras que mis padres me enseñaron a conocer y amar. También era muy difícil para mis hermanas ver el dolor que yo estaba causando a mis padres. Y yo sé que mis padres

no externaban mucho de ese dolor a mis hermanos, para no perturbar mis relaciones con ellos. (Son ciertamente almas nobles, que cargaban juntas mucha de su agonía ante el Señor.)

Por ese tiempo escribí: «La lozanía de la fe de mamá y papá y su apertura a cambiar mientras crecen, son un claro testimonio para mí de seguir a Cristo en su Palabra a donde yo esté convencida que Él me lleva. No puedo evitarle a ellos la aflicción que tienen y la que tendrán al tomar yo este paso. Yo no lo he buscado, pero Dios en su gracia y misericordia me ha puesto en él».

En Chicago, Scott y yo descubrimos un grupo especial que por entonces se llamaba la Sociedad de Santiago. Hicimos muchos nuevos amigos que eran personas con una manera de pensar como la nuestra (diferente a nuestros amigos protestantes que no querían saber nada, o nuestros amigos católicos que no podían imaginarse qué era lo que me detenía para comprometerme con la Iglesia católica). Éstas eran personas en peregrinaje, en transición, preguntándose muchas de las preguntas que yo me hacía. Era un placer reunirse con personas que valoraban el agonizante esfuerzo que nos costaba el alcanzar unidad espiritual, y que se alegraban por los descubrimientos que yo estaba haciendo.

Al año siguiente tomé las clases del Rito de Iniciación Cristiana para Adultos (RCIA) en la iglesia de Saint Patrick, para sondear los tópicos de una manera más convencional. Cada vez más la fe católica tomaba sentido, pero mucho todavía estaba oscuro. Me hizo recordar nuestras primeras semanas en nuestra nueva casa en Joliet: Scott estaba bien ocupado dando clases en la universidad de Saint Francis, y yo tenía trabajo de tiempo completo cuidando a nuestra recién nacida y a nuestros hijos de tres y cuatro años. Eso no nos dejaba mucho tiempo para desempacar cajas. Cuando

me sentía desanimada por el poco avance en desempacar, me iba a nuestro precioso comedor, me cubría los ojos de modo que no pudiera ver las cajas, y sencillamente disfrutaba de la belleza de aquella estancia. Ahora, una vez más, volvía a creer que la vida pronto sería normal. ¿Sería así en la Iglesia católica? Podría ser, si tan sólo supiera «lo que había en las cajas». En otras palabras, la belleza de la Iglesia atraía mi corazón, pero había aún muchos interrogantes como para actuar pretendiendo que todo había sido ya ventilado.

Una de las clases arrojó alguna luz sobre un tema incómodo: estatuas e imágenes de Jesús, María y los santos. Pregunté: «¿Por qué se permiten y hasta se estimulan, si uno de los diez mandamientos condena el hacer ídolos y postrarse delante de ellos?»

El Padre Mamenas respondió con otra pregunta: «Kimberly, ¿tienes en tu casa un espacio para fotos de familia?»

«Sí».

«¿Por qué? ¿Qué significan para ti?»

«Las fotos me recuerdan a toda esa maravillosa gente que yo amo: nuestros padres, hermanos, hijos,…»

«Kimberly, ¿amas tú las fotos en sí o a las personas que ellas representan?»

«Desde luego que a los segundos».

«Eso es lo que las pinturas y estatuas significan: nos recuerdan a esos maravillosos hermanos y hermanas que han partido antes que nosotros. Los amamos y damos gracias a Dios por ellos».

«La cuestión crítica en esto no es si las imágenes deben existir o no, ya que el Antiguo Testamento registra, poco después de que los diez mandamientos son enumerados, instrucciones específicas para hacer imágenes que serían parte del Santo de los Santos: imágenes del jardín del Edén, y el querubín sobre el propiciatorio, por ejemplo. Dios in-

cluso ordenó a Moisés hacer una serpiente de bronce sobre un asta a la que el pueblo debía mirar para ser curados del flagelo. O Dios se enredó en sus mandamientos, o la idea del mandamiento es no tanto no tener imágenes, sino no adorarlas (como hicieron los judíos en el Monte Sinaí con el becerro de oro)».

Esta y otras discusiones me dieron mucho en qué pensar. Un dilema surgió: Ahora que me sentía atraída hacia la Iglesia, ¿qué iba a hacer con todo el enojo y feos sentimientos que había acumulado contra la Iglesia? Había llegado a veces a detestar a la Iglesia, culpándola por la desunión en mi matrimonio, la odiaba por la destrucción de una vida familiar feliz, maldiciéndola por la falta de gozo en mi propia relación con Dios debido a que se había entrometido en mi vida. Tenía rencor por la pérdida de mis sueños... Y ahora mi «enemigo» estaba resultando mi amigo, o al menos lo parecía.

Cuando traje esto en mi oración al Señor, realmente sentí que Dios me decía: «Tienes que verme a mí detrás de todo esto. Tú le has echado la culpa a Scott, y le has echado la culpa a la Iglesia católica. Pero tienes que entender que soy yo quien está detrás de todo esto. Yo puedo aguantar tu enojo».

Me sentí como una chiquilla cuando me fui a dormir esa noche, porque había descargado todo en Dios. Me sentí como un chiquillo que se sienta en las piernas de su papá dándole puñetazos en el pecho y llorando hasta quedarse dormido exhausto. Dejé las cosas como estaban.

Por la mañana, recibí una llamada de un amigo mio, Bill Steltemeier del canal católico EWTN. Dijo: «¿Kimberly?»

Contesté: «¡Hola!»

«Estaba haciendo mis oraciones esta mañana, y el Señor me dijo que te llamara y te dijera: «Kimberly, te amo». Eso es todo.»

No relacioné esto con lo de la noche anterior, hasta que mi madre vino con lo mismo más tarde ese mismo día. Y mi madre no suele decir cosas como que el Señor puso algo específico en su corazón para mí. De repente me di cuenta de que lo que Él me estaba diciendo era: «Kimberly, yo arranqué ese enojo. Yo lo absorbí. Todavía te amo. Ya ves, estoy de tu lado, estoy detrás de ti, yo te guío». Tuve una profunda sensación de paz.

Además de recibir el RCIA, ayudé también con la clase de catecismo de Michael, no tanto por ayudar a la parroquia, sino para saber qué le iban a enseñar a mi hijo esos católicos. En cada clase repetíamos el Padrenuestro, el Ave María y el Gloria al Padre. Yo rezaba el primero y el último, pero no el Ave María. Me lo sabía, pero no lo practicaba.

Cuando llegó el momento de la Primera Confesión, yo ya creía que era un sacramento. Me sentí particularmente contenta por una niñita: si alguien necesitaba de verdad la primera confesión, era ella. Cuando salió de ver al Padre, estaba a punto de llorar.

«¿Pasa algo malo?» le pregunté.

«El Padre me dijo que rezara el Ave María», me contestó.

«Bueno, mejor es que lo hagas y lo reces ya», le dije.

«No lo recuerdo».

Heme aquí ante otro dilema. Yo no rezaba el Ave María porque no estaba segura de no ofender a Dios; pero también sabía que ella tenía que recitar su penitencia para que el sacramento fuera válido. Tragué fuerte y dije: «Repite conmigo: Dios te salve, María.»

«Dios te salve, María.»

«Llena eres de gracia...»

Lo recitamos todo, y cuando terminamos, se me quedó viendo con sus ojos grandes y me dijo: «¡Dos veces!»

¡Yo sabía que ella necesitaba realmente ese sacramento! Así que volví a respirar profundamente, y empezamos a re-

citarlo de nuevo. Mucha gente no recuerda cuándo dijeron por primera vez el Ave María, ¡pero yo tengo un muy vivo recuerdo de mi primera vez!

Un amigo, Dave, de Milwaukee, me llamó una noche pra ver si podíamos hablar sobre lo que todavía me impedía entrar a la Iglesia. Le dije que el punto era todavía si María era o no mi madre espiritual. Él dijo: «¿Qué piensas de Apocalipsis 12?»

«No sé. No creo haber leído eso. Déjame coger mi Biblia».

Cuando regresé al teléfono con mi Biblia, Dave explicó: «El capítulo es sobre cuatro caracteres principales que están en batalla. Aunque para algunos grupos de personas éstos son simbólicos, el hecho es que ellos son gente específica también. La mujer con el hijo varón es María con Jesús. Mira al versículo 17: «Entonces el dragón se enojó contra la mujer y fue a hacer la guerra contra el resto de *su* descendencia, contra aquellos que guardan los mandamientos de Dios y dan testimonio de Jesús…»

Me quedé perpleja. ¿Cómo pude haber omitido ese pasaje en mi estudio sobre María? Tenía que admitirlo: «Supongo que significa que si yo doy testimonio de Jesús y guardo sus mandamientos, entonces espiritualmente ella es mi madre. ¡Caramba! María es una doncella guerrera que combate por medio de su maternidad». Yo me sentía identificada con eso.

Este pasaje ayudaba a clarificar por qué, al pie de la cruz, cuando estaba en plena agonía, según relata San Juan 19,26–27: «Cuando Jesus vio a su madre y al discípulo a quien amaba, de pie cerca, dijo a su madre: «¡Mujer, he aquí a tu hijo!» Luego dijo al discípulo: «¡He aquí a tu madre!» Y desde aquel momento el discípulo la recibió en su casa». Con este pasaje como base, la Iglesia católica enseña que el regalo que Jesús hizo de María al «discípulo amado»

era una prefiguración de este mismo don para todos sus
amados discípulos.

Yo era un discípulo amado. Como Juan, ¿Tenía que reci-
birla yo también en mi casa como mi madre? En vez de ver
a María como un tremendo obstáculo para mí, estaba empezando a verla como un precioso regalo del Señor: alguien que me amaba, que me cuidaba y oraba por mí con
corazón de madre. Ella no era ya una doctrina que había
que entender, ¡sino una persona a quien abrazar con todo
mi corazón!

Aquella Pascua todavía estaba yo indecisa acerca de hacerme católica. El Miércoles de Ceniza dejé a nuestros niños en la casa de mi hermana, para poder buscar casa en
Steubenville. (Scott acababa de recibir un contrato de
Franciscan University de Steubenville.) Como era Miércoles de Ceniza, estaba yo preguntando a Dios qué podría sacrificar por cuaresma: chocolates, postres…, grandes
sacrificios para mí.

Y entonces pude en verdad sentir que el Señor decía:
«Kimberly, ¿por qué no cedes?»

«¡¿Qué?! ¿Ceder qué?»

Él dijo: «¿Por qué no te cedes tú misma? Tú sabes lo
suficiente como para confiar en mí y confiar en mi trabajo
en la Iglesia. La actitud de tu corazón ha cambiado de re-
clamar: «Yo no creo esto… ¡Demuéstralo!» a decir: «Señor,
no entiendo esto. Enséñame». ¿Por qué no te unes al convi-
te? ¿Por qué no te cedes a *ti misma* en esta Cuaresma?»

Sentí realmente que el Señor era el que me llamaba a la
Iglesia católica. Pasé las siguientes cuatro horas orando y
alabándole, y sintiendo una gran paz al fin. ¡La sorpresa que
le esperaba a Scott!

La noche siguiente, después de escuchar la descripción
de las casas que yo había visto, me dijo: «Dicho sea de paso:
estoy en esta conferencia de apologética aquí en California,

y todo mundo me pregunta dónde estás tú en relación a la Iglesia». Estaba haciendo un gran esfuerzo por aparentar indiferencia respecto a esto. Había aprendido la diferencia entre su argüir y la convicción que viene del Espíritu Santo. «No quiero presionarte en absoluto. Si no es en esta Pascua, no hay problema. Pero, ¿tienes una idea de dónde estás en este proceso?»

Apenas podía esperar para decírselo: «Va a ser en esta Pascua, Scott. El Señor me habló al corazón mientras manejaba la camioneta y dijo que sería en esta Pascua». —«¿Scott?… Scott, ¿estás ahí?»

Le tomó un minuto recuperarse. «¡Alabado sea el Señor!» Por primera vez Scott era capaz de ilusionarse con lo que sería posible para nosotros como una familia católica unida. ¡Era tanto el gozo! ¡Era tanta la libertad!

Ya era hora. Era hora de estar unidos bajo el liderazgo espiritual de Scott. Hora de volver a tener una visión común dentro de la Iglesia para un ministerio que pudiéramos ejercer como pareja. Hora de decidirme a buscar las respuestas que no tenía, dentro de la Iglesia que Jesús mismo fundó y preservó de error. Hora para liberarme de toda resistencia y para estar agradecida a Dios por todo lo que me había revelado.

Aunque yo creía en la transubstanciación desde hacía ya más de un año, no sentía aún el deseo de recibir la comunión. Pero ahora un hambre por la Eucaristía se convirtió en el último pensamiento del día y el primero de la mañana. Había aceptado a Jesús por fe como Salvador y Señor desde mi adolescencia, pero ahora ansiaba recibir su cuerpo y su sangre. Porque Jesús no sólo se había humillado a sí mismo en lugar nuestro, al tomar la naturaleza humana para ser nuestro perfecto sacrificio; su condescendencia lo había hecho rebajarse más, dándonos su propia carne como vida y alimento de nuestras almas! Y todo esto, para

que pudiéramos tenerlo en nosotros, no sólo en nuestros corazones, sino también en nuestro cuerpo físico, haciéndonos tabernáculos vivientes. Sentía que mi corazón estallaba de tanto gozo!

Dar a conocer la buena noticia no fue tan fácil. Hubo gente que con su excesiva alegría resultaba más bien humillante, por no decir lo peor. (…«No sabes cuántos rosarios he rezado por tu conversión!») Hubo amigos protestantes que no podían creer que, después de cuatro años yo me hubiera doblegado. («¡Es una tragedia!»). Para mi familia, fue una gran tristeza; no que me rechazaran por mi decisión, pero su corazón estaba dolido de amor por mí y la preocupación respecto a las consecuencias que mi decisión pudiera tener en nuestra extensa familia.

Cuando llamé a mis padres para hacerles saber que había decidido entrar a la Iglesia católica esa Pascua, papá ni me alentó ni me desalentó. Sencillamente me preguntó: «Kimberly, es a Jesús al único a quien tienes que rendir cuentas. Cuando tienes a Jesús frente a ti, ¿qué puedes decirle con conciencia tranquila?»

Y yo le contesté: «Papá, le diría con todo mi corazón: «Jesús, te he amado a gran costo, y he sido obediente a todo lo que he entendido, siguiéndote directamente hacia la Iglesia católica!»

«Kimberly, si es eso lo que dirías, es eso entonces lo que debes hacer».

Las semanas de Cuaresma estuvieron llenas de gracias especiales para Scott y para mí. Mis objeciones acerca de la confesión se esfumaron: ya no podía esperar más.

Un día, un par de semanas antes de Pascua, Scott me dijo: «¿Por qué no rezas el rosario?»

En mi típico estilo dócil le dije: «¡Ya me estoy haciendo católica, cariño. No me atosigues!»

«Bueno, …era sólo una sugerencia», respondió.

La semana siguiente, mientras Scott visitaba EWTN, Bill Steltemeier le dijo: «Dicho sea de paso: el Espíritu Santo me ha dicho que yo esté dispuesto a enviarle mi rosario por correo a tu esposa».

Pensando en nuestra reciente conversación, Scott dijo: «No sé si yo haría eso».

Bill no se desalentó: «El Santo Padre me dio este rosario, y yo nunca pensé deshacerme de él. Pero el Espíritu Santo me ha dicho que se lo dé a Kimberly, así que se lo enviaré a tu esposa».

Scott me contó esto y me dió un libro sobre el rosario escriturístico, poniéndomelo en la mano. Cuando el rosario llegó, lo miré y me dije: ¡Qué tesoro es este para cualquier católico! Realmente no puedo dejarlo tirado en mi gavetero. Pero, ¿me atreveré a usarlo?

Me preocupaba que el rosario fuera un ejemplo de la vana repetición al orar que había sido claramente condenada por Jesús. Sin embargo, una introducción al rosario preparada por una monja, me ayudó a tener una nueva perspectiva. Ella urgía a los creyentes a verse a sí mismos, no como adultos cristianos, sino como niños delante del Señor. Por ejemplo, ella les recordaba a los lectores que cuando nuestros propios hijos pequeños dicen una y otra vez durante el día: «Yo te quiero, mami», nunca nos volteamos a decirles: «Cariño, esa es vana repetición!». Del mismo modo nosotros, como hijos pequeños, estábamos diciéndole a María: «Te quiero, mami; ruega por mí», por medio del rosario. Aunque repetitivo, sólo se convertiría en vano si dijéramos las palabras sin darles sentido.

Los primeros tres días recé sólo una decena del rosario diciendo: «Señor, espero que esto no te ofenda». Al cabo de pocos días, sentí realmente que el Señor estaba dando su aprobación y ayudándome espiritualmente por este medio. Se convirtió en parte normal de mi vida. Entonces me

decidí a decirle a Scott que estaba orando con el rosario. Fue esta una más de la serie de oportunidades en las que, entre lágrimas y abrazos, pude humillarme para reconocer ante Scott que él había estado en lo correcto en más de una cosa. Quiero leer aquí lo que acabo de escribir en mi diario de oración:

Rompe el hielo de mi corazón con el cálido aliento de tu Espíritu. Quiero apartarme del camino, y dejarte trabajar en mí. Perdóname por favor, los años que rechacé la guía espiritual de Scott, y cambia mi corazón de piedra por un corazón de carne: tu carne eucarística. Gracias por la oportunidad de quitar mis sucios pecados con tus poderosas gracias en el sacramento de la confesión y penitencia, permitiéndome participar en la reparación del daño que he causado al Cuerpo de Cristo.

He disfrutado completamente con el Novio y su Padre, y espero con emoción la fiesta de boda ya cercana; pero Jesús quiere que también conozca a su Novia, la Iglesia, para estar más al tanto con quién participaré en la celebración. ¿Qué novio quisiera que yo fuera a la fiesta y me quedara contemplándolo sólo a él? Él quiere que yo también conozca a su novia y la aprecie. La Iglesia ha sido para mí hasta ahora una abstracción sólo espiritual y no tangible. Pero ahora se está convirtiendo en algo más que sermones inspiradores y estimulantes servicios; se está volviendo personal. Más que una colección de doctrinas más verdaderas y ricas que las que tenía antes, la Iglesia ha venido a ser una entidad viva, palpitante, llena de personas defectuosas, como yo, necesitadas de médico para su enfermedad, pero envueltas, al mismo tiempo, en la magnífica gloria de Dios.

He prometido cederme en esta Cuaresma, y sin embargo, como siempre ha sido con Dios, ¿qué es lo que

he cedido sino lo que ya no quiero retener? Tu amor lo ha transformado todo, oh Dios. Sí, Scott estaba en lo correcto: ¿Por qué me trataste así? Para demostrarme tu amor.

Recuerdo el día que en Grove City empecé a sentir que ya no sabía quién eras Tú: el Dios de los protestantes o el Dios de los católicos. ¿Estabas Tú en favor de Scott y enojado conmigo? me preguntaba. Pero no cambiaba mi opinión. Ni leía, ni estudiaba, ni rezaba: era muy doloroso. No quería morir a mis sueños, a mis proyectos, a mi maestría académica, a mi forma de entender la verdad. Lo tenía todo controlado. ¿Volver a definir mis términos teológicos, o arriesgarme a perder amistades o lastimar a mi familia? De ningún modo. Era como una pesadilla de la que estaba segura despertar pronto.

Pero ahora, Señor, puedo sentir tu amor por mí en plenitud. Tú no sólo me amas ahora que he llegado a la verdad. Tú me has amado en cada paso del camino por lo que yo era, no sólo por lo que llegaría a ser.

Enséñame, por favor, de nuevo desde el principio. Quiero ser dócil. He sido quebrantada. Derrama el aceite de tu gozo para hacer moldeables las rotas piezas de arcilla. Mi corazón canta de nuevo la bondad del Señor.

Las cruces que me has dado por causa de Scott y por mí misma estos últimos siete años, son dones. El sufrimiento ha encontrado su camino.

Durante un rato de oración, la semana anterior a Pascua, quedé maravillada de cómo la custodia parece un símbolo de la Iglesia católica. Como muchos protestantes, me preocupaba que María, los santos y los sacramentos fueran obstáculos en el camino entre los creyentes y Dios, los cuales debían ser esquivados para llegar a Él. Parecían

complicar innecesariamente la vida con Dios, como las adherencias sobre los tesoros sumergidos, que deben ser descartadas para lograr lo que es de verdad importante.

Pero ahora me daba cuenta que lo contrario era lo verdadero. El catolicismo no es una religión ausente, sino más bien orientada a la presencia. Eran los católicos los que tenían a Jesús físicamente presente en las iglesias y se veían a sí mismos como tabernáculos vivientes después de recibir la Eucaristía. Y como Jesús es la Eucaristía, tenerle a Él como centro, permite que toda la riqueza doctrinal de la Iglesia emane de Él, como los bellos rayos dorados se desparraman desde la hostia en la custodia.

Mi Vigilia Pascual tendría su mezcla de gozos y pesares, como ocurrió con la de Scott. Mis padres decidieron asistir a la misa; ya que yo estaba tomando una decisión importante, que cambiaría toda mi vida, ellos pensaron que debían estar presentes. Me alegró que vinieran, pues esto me permitiría compartir su dolor por la separación que yo estaba causando, aunque estaba al mismo tiempo experimentando el gozo de ser recibida en la Iglesia.

Vinieron llenos de amor para estar con nosotros. Salimos a cenar la noche anterior, y tuve una maravillosa oportunidad de explicarles desde el fondo de mi corazón por qué me estaba haciendo católica. Quería que ellos supieran que esta era mi decisión duramente lograda tras mucha oración y estudio. De hecho —les dije— si Scott muriera el lunes depués de Pascua, yo ni siquiera pensaría en volver a salir con un protestante, puesto que mi fe se había fraguado a un tan alto precio.

Quería decirles también que yo no era la principal causa de su sufrimiento, pues el Señor estaba detrás de todo. Para mí hubiera sido muy fácil achacarle la culpa a Scott por mi penuria o a la Iglesia católica por inmiscuirse en mi vida, en vez de ver la mano del Señor obrando. Pero ahora podía ver

que Dios en su misericordia había estado interviniendo en mi vida porque mucho me ama.

En la mañana de la Vigilia de Pascua, mi querida amiga Barb trajo tres cirios pascuales de parte de un grupo al cual nuestra familia se había integrado. Este grupo, Catholic Families and Friends, estaba planeando una gran fiesta esa noche para celebrar con nosotros. Querían que la casa estuviese todo el día llena de fragancias de gozo. A continuación, mis padrinos el Dr. Al Szews y su señora, vinieron desde Milwaukee con regalos especiales. Como preparación para la ceremonia, mis padres oraron conmigo en casa, y mis padrinos oraron luego en la iglesia.

Después de mi confesión hice mi propia oración para preparar mi corazón para la misa de la Vigilia. Garabateé una nota para Scott: «Muy querido Scott, estoy *tan* agradecida por ti y por tu esfuerzo en lograr este paso para nosotros. Te amo. K». No sabía cómo expresar la abundante gratitud que sentía en mi corazón por la fidelidad de Scott hacia Dios.

En la banca detrás de mí se sentó Scott, que lloraba de alegría al verme llegar a la plenitud de la fe católica y recibir con él al Señor en la Eucaristía; allí se sentaron también mis padres, que lloraban de tristeza por verme integrada a una Iglesia que ellos nunca hubieran escogido para mí, y que ahora nos separaba de la mesa del Señor. Pensé que apenas podría soportar el gozo o la pena al momento de dar el signo de paz.

Poco después de la liturgia, la fiesta empezó. Mis padres se escabuyeron después de una breve estancia. La alegría expresada por mi causa era irresistible. El Domingo de Pascua, después de la misa de gloria por la mañana, nuestra familia se dirigió a Milwaukee, donde celebramos el ser ahora una familia católica con queridos amigos en la casa de los Wolfe (padrinos de Scott). ¡Qué indescriptible alegría! En mi caminar espiritual el verano había empezado.

Vigilia Pascual, 1990. La noche en que Kimberly fue recibida en la Iglesia. En la foto, con Scott y el Padre Memenas, en St. Patrick Church, Joliet, Illinois.

La familia Hahn, julio de 1993.

9

La Vida Católica en Familia

Scott:

Cuando los protestantes evangélicos se convierten a la Iglesia católica, frecuentemente entran en una especie de «trastorno cultural eclesiástico». Han dejado atrás congregaciones de canto vigoroso, predicación bíblica práctica, un tono político conservador pro-familia en el púlpito, y un vivo sentido de comunidad, con varias reuniones de oración, compañerismo y estudio bíblico entre las que pueden escoger cada semana. En contraste, la parroquia católica promedio generalmente se encuentra, más bien escasa en estas áreas. Mientras los nuevos conversos normalmente sienten que ellos han «vuelto a casa» al hacerse católicos, no siempre se «sienten en casa» en sus nuevas familias parroquiales. Kimberly y yo experimentamos eso.

Lugares como Franciscan University de Steubenville demuestran que esto no tiene por qué ser así. Lo que más nos ha impresiondado durante nuestra estancia en Steubenville es precisasmente la forma en que se combina lo evangélico y lo católico. Me refiero al modo como la fe católica une lo que otras religiones tienden a separar: piedad personal y ritual litúrgico; apostolado evangélico y acción social; fervor espiritual y rigor intelectual; libertad académica y ortodoxia dinámica; culto entusiasta y contemplación reverente; predicación poderosa y devoción sacramental; Escritura y Tradición; cuerpo y alma; lo individual y lo comunitario.

Desde la conversión de Kimberly, podemos ahora compartir todo esto en familia. Hacemos el esfuerzo de asistir diariamente a misa en la universidad como familia. Con la Eucaristía como centro de nuestras vidas, somos capaces de mostrarle a nuestros hijos cómo la Biblia y la liturgia van juntas, el menú con la comida. Nuestros niños ven docenas de sacerdotes y cientos de estudiantes que están viviendo el evangelio de un modo práctico.

Dar clase a tales estudiantes ha resultado una de las experiencias más satisfactorias de mi vida. Tienen una pasión por estudiar la Escritura, por aprender teología y por hacer cientos de preguntas difíciles. (Afectuosamente yo llamo a mis estudiantes «mis santos chupacerebros»). Cuando la clase ha terminado, buscan cómo aplicar las lecciones que han aprendido, en sus trabajos y con quienes se relacionan. Estoy convencido de que Dios está preparando muchos de los futuros dirigentes de la Iglesia católica en esta universidad.

Además de mi trabajo universitario, el Señor nos ha proporcionado a Kimberly y a mí numerosas oportunidades de ejercer el ministerio a lo largo del país. Con cientos de mis charlas en audio y video cassettes, el mensaje llega mucho más allá de nuestro limitado espacio de viaje. Estas grabaciones están ahora circulando en muchos países. Nos han llamado o escrito desde Canadá, México, Inglaterra, Escocia, Holanda, Polonia, Lituania, Bélgica, Austria, Australia, Nueva Zelandia, Ghana, Japón, Indonesia, Las Filipinas, y otros lugares. ¡Y pensar que sentimos temor de no poder nunca más ejercer un ministerio juntos…!

Todo esto ha sido posible gracias a nuestra asociación con Terry Barber y Saint Joseph Communications. En el lapso de un año «La Grabación», con la charla que di a sólo treinta y cinco personas en 1989, ha sido comprada por más de treinta y cinco mil. Los números han ascendido a cientos de miles en los últimos años. Además de la cinta de mi

conversión, Terry ha publicado más de doscientas de mis grabaciones, sobre una gran variedad de temas, explicando varios aspectos de la fe católica.

Mi padre tenía razón, después de todo, (y él se encarga de que yo no lo olvide). Se aseguró bien de que yo supiera cuán orgulloso se sentía de su hijo menor, el teólogo no joyero.

Después de una larga enfermedad, falleció en diciembre de 1991. Fue una de las más difíciles pero también más bendecidas experiencias de mi vida. Por muchos años él había sido un agnóstico; pero a través de sus sufrimientos, recobró su fe personal en Cristo. Durante las últimas semanas de su vida, logramos compartir momentos muy significativos juntos en oración, leyendo la Escritura y hablando acerca de su vida y del Señor. Nunca olvidaré el privilegio que tuve de sostener su mano y cerrar sus ojos cuando su Padre Celestial lo llamó para sí; ni dejaré tampoco nunca de agradecerle a Dios por haberme dado un padre terrenal que hizo tan fácil para mí amar a mi Padre del cielo.

Una semana después, mi suegro, el Dr. Jerry Kirk, llamó para invitarme a acompañarlo a Roma el mes siguiente, a una reunión con el Papa Juan Pablo II. ¡Lo que hace la gracia de Dios!

Como fundador de R.A.A.P. (Religious Alliance against Pornography = Alianza religiosa contra la pornografía), Jerry había sido invitado por miembros de la jerarquía romana para dirigir una sesión de tres días en el Vaticano con un grupo de unos doce líderes religiosos importantes de Norteamérica. El Cardenal Bernardin había organizado la reunión, con miras a coordinar estrategias con representantes del Vaticano, para combatir la pornografía en todo el mundo. Al final de nuestras deliberaciones, tendríamos una audiencia privada con el Santo Padre para presentarle nuestras conclusiones y discutirlas con él en forma más detallada.

Así es que fui a Roma por primera vez. Entre sesión y sesión pude visitar San Pedro y algunos otros lugares sagrados, no como turista, sino como peregrino. Fue algo tremendo.

Al final de los tres días, un jueves por la tarde, se nos llevó por un laberinto de corredores y se nos acompañó hasta una sala de reuniones. Mientras estábamos allí sentados esperando que el Papa llegara, oré intensamente. Después que él entró en la sala, los trámites parecieron completarse en un instante.

Cuando terminamos con eso, Jerry tuvo el privilegio de presentarnos a cada uno al Papa. Al llegar mi turno, oí a mi suegro decirle a mi padre espiritual: «Santidad, permítame presentarle a Scott Hahn, profesor de Franciscan University de Steubenville».

Estreché su mano, y eso fue todo; siguió el próximo líder religioso de la línea. Después de pasar, me quedé allí regocijándome y agradeciéndole a Dios por el privilegio de encontrarme con mi padre espiritual en Cristo, aunque sólo haya sido por unos pocos segundos. Al menos pude estrechar la mano del Vicario de Cristo, el sucesor de Pedro, no pequeña emoción para este antiguo anticatólico.

Una hora más tarde, los líderes volvieron a concentrarse en la sala del Vaticano donde nos habíamos estado reuniendo toda la semana. Cuando yo entré, escuché una explosión de risas que venían de donde estaba mi suegra, quien estaba parada frente a una mesa, observando una fotografía. Me acerqué para averiguar; al llegar junto a ella, miré y contemplé una foto de su esposo presentando a su yerno al Papa. «¿Podrías creer esto?! Después de todos estos años, por fin tu suegro logró presentarte a *ti* al Papa.» Mientras reía más fuerte, me abrazaba cariñosamente. ¡Qué suegra tan tremenda!

A los pocos minutos, un teléfono repicó en una oficina

al fondo del vestíbulo. Un hombre de edad vino a la sala de reuniones preguntando: «¿Está el Profesor Hahn aquí?»

Yo ondeé mi mano para identificarme.

«Es una llamada de teléfono para usted».

Mientras caminaba por el vestíbulo me preguntaba quién podría ser. Cojí el teléfono, y escuché una voz con marcado acento: «¿Podría usted acompañar a Su Santidad, el Papa Juan Pablo II, para la misa mañana a las 7 por la mañana en su capilla privada?»

Primero pensé que era una broma. Pero luego recordé un encuentro al principio de la semana con el Profesor Rocco Buttiglione, quien ofreció usar su influencia ante el secretario privado del Papa, para conseguir que yo asistiera a la misa matutina del Papa.

«Sí, puedo estar allí». Pero estaba tan nervioso que olvidé preguntar los detalles.

Afortunadamente el Cardenal Cassidy, uno de los representantes del Vaticano en la sala de reunión, me explicó el procedimiento. Debía llegar a determinada puerta a las 6:30 de la mañana, donde un guardia suizo me encontraría.

A la mañana siguiente, después de un fútil intento para dormir, me levanté y tomé un taxi para San Pedro. Llegué con más de una hora de anticipación. Caminando alrededor de la plaza de San Pedro, recé el rosario y me preparé para el privilelgio de mi vida.

Conforme a lo dicho, a la hora prevista alguien vino a buscarme. Me llevó por escaleras y corredores, hasta que me encontré en medio de varios obispos y sacerdotes que se estaban revistiendo para concelebrar con el Papa.

Permanecí allí nervioso, hasta que de pronto el secretario personal del Papa asomó la cabeza por la puerta, mirando alrededor de la sala. Por fin habló: «Tdon-tdee estagr el te-o-logoo Pgro-ffe-ssogr tdi Stoiben-ffiil Univegr-ssití?»

Apenas si pude hilar las palabras en tan duro acento. Pero al fin entendí que estaba preguntando por mí.

Levanté mi mano con timidez, y dije: «Aquí estoy».

Me miró y balanceó la cabeza. «Pbien! se lo di-gré».

No tenía ni idea de qué se trataba, pero me sentí observado por todos los prelados extranjeros que miraban hacia mí y se preguntaban: «¿Quién es este tipo, y qué tan importante es?»

Momentos después se nos conducía por el vestíbulo hacia una pequeña capilla privada. En cuanto entré noté que el Papa Juan Pablo II estaba ya allí en su reclinatorio orando ante el tabernáculo. Arrodillándome a pocos pies de distancia, pedí al Señor la gracia especial de unir mi corazón con el de mi padre espiritual al renovar la Alianza por la celebración del sacrificio de Cristo en la misa.

Cuánta reverencia y amor mostraba el Papa en cada parte de la liturgia eucarística. No recuerdo haber sentido nunca antes tan vívidamente la realidad de la presencia de Cristo.

Al teminar la misa, fuimos conducidos hacia afuera de la capilla, mientras el Santo Padre permanecía en su reclinatorio en acción de gracias. Yo fui el último en salir, y no pude resistir la tentación. Me detuve y me arrodillé a unos pocos pies detrás de él y recé, allí a solas con el Papa, por casi medio minuto, hasta que oí pasos acercándose apresuradamente por el vestíbulo hacia la capilla. Como lo sospeché, habían contado y notado la falta de uno. Me puse de pie, exactamente cuando el secretario personal del Papa reentraba a la capilla. Me guió con amabilidad pero con firmeza hacia la sala donde el Papa se reuniría con nosotros en unos pocos minutos.

Mientras esperábamos, oré y preví lo que iba a hacer. En eso entró el Papa. Lo que más me impresionó fue cuánto más despierto y enérgico se le veía ahora, inmediatamente

después de la misa, comparado con el aire de cansancio que había notado en su rostro el día anterior durante la audiencia privada de la tarde.

Parecía intensamente interesado en cada uno de los que iba saludando al caminar. Parecía tratar a cada uno como si fuese la única persona en la sala. Lo miraba directamente a los ojos y escuchaba atentamente antes de hablar. Ahora era mi turno.

Avanzó para saludarme, y al extenderle mis dos brazos, nos abrazamos. Le entregué entonces un juego bellamente empacado de mi serie de grabaciones sobre «Respondiendo a Objeciones Comunes», junto con un sobre que contenía una carta personal y dos cheques como muestra de amor y respeto de parte de las familias Barber y Hahn.

Me miró a los ojos y me dijo: «Dios te bendiga. ¿Eres tú el profesor de teología de la universidad de Steubenville?»

«Sí, yo soy».

«Por favor, transmite mis saludos y bendiciones a la comunidad de Steubenville».

«Santo Padre, mi padre natural acaba de morir el mes pasado, y ahora mi Padre celestial me bendice con el privilegio de encontrarme con usted, mi padre espiritual». Y nos abrazamos por segunda vez.

Se me quedó viendo intensamente y dijo: «Siento saber que tu padre falleció. Dios lo bendiga. Rezaré por él».

Mi corazón saltó al venírseme inmediatamente aquella línea de la Escritura: «Todo lo que atares en la tierra, será atado en el cielo».

Luego, expliqué brevemente, en apenas un minuto, todo mi peregrinaje de fe, como un ministro presbiteriano anticatólico que se había convertido al catolicismo apenas seis años atrás.

Él escuchó atentamente antes de darme otro apretón de mano, una bendición y un rosario. Al salir de la presencia

de Juan Pablo II —el ungido por mi Padre celestial y mi hermano mayor que pastorea la familia de la Alianza de Dios en la tierra— tuve una fuerte sensación de que Dios me estaba diciendo: «Scott, lo mejor está aún por venir».

Kimberly:

Seis semanas después de ser recibida en la Iglesia, nuestro hijo mayor, Michael, hizo su Primera Comunión. Yo había sido católica desde sólo corto tiempo atrás, y sentía que mi corazón estaba por estallar. No puedo imaginarme cómo se sentirán esos padres que, habiendo nacido católicos, han soñado en el tiempo de su matrimonio, en tener un hijo y llevarlo a la mesa del Señor para su Primera Comunión. (Nosotros hemos tenido ya la oportunidad de llevar también a Gabriel, y con impaciencia esperamos la llegada de ese tiempo especial para Hannah).

En cada oportunidad, las preocupaciones de mi corazón han sido éstas: Primero, espero que la fiesta del Cordero Pascual del cielo sea más importante que el agasajo terreno que sigue. Y segundo, espero que la atención esté más centrada en la presencia de Jesús en la Eucaristía que en los regalos que los niños puedan recibir.

Un día, durante la consagración de la Misa, Scott se inclinó hacia mí y me dijo: «¿Puedes imaginarte cómo están cantando los ángeles?»

Su pregunta me hizo pensar acerca de realidades que yo no había tomado en cuenta antes. Ciertamente los ángeles están presentes durante la liturgia, pero ellos no reciben al Señor. Deben andar mirando maravillados y trastornados por el increíble amor que nuestro Padre celestial tuvo con nosotros al enviar a Jesús a la tierra tomando la humilde naturaleza humana, para entregar luego esa vida en sacrifi-

cio por nosotros, y finalmente, alimentarnos con la ofrenda de su resucitado y glorioso Cuerpo y Sangre. ¡Qué magnífico misterio!

Ayunar durante la hora previa ha sido también una buena experiencia, ya que ha sido una pequeña mortificación (de las cuales no hay muchas en mi vida), que me indica mi necesidad de tener hambre de almas.

El mudarnos a Steubenville ha sido una gran bendición. Hemos hecho muchos maravillosos amigos en la universidad y en la comunidad. Tenemos más de cuarenta familias en nuestro grupo de apoyo para Educación en Casa «Corazón de María». Y los estudiantes de la universidad han sido un gran refuerzo para nuestros niños en cuanto a nuestro propio compromiso con el Señor.

¿Cómo ha cambiado nuestra vida? ¡Mi corazón está tan lleno de la bondad del Señor y tan lleno del gozo de mi salvación que por cinco años quería tener y no podía!… Creo que podría resumir todo en tres frases: unidad restaurada, ministerio renovado y familia rejuvenecida.

Nuestra unidad ha sido restaurada. Tenemos de nuevo fuertes convicciones en común, incluso más profundas ahora, después de todo lo que nos tocó pasar. Me encanta estar otra vez bajo la enseñanza de Scott. En vez de impacientarme durante sus clases de Biblia, realmente las disfruto.

Nos acercamos frecuentemente juntos a la mesa del Señor en Franciscan University, con un grupo de creyentes comprometidos que aman al Señor y quieren compartir fielmente su amor por Él. Los niños resentían nuestra falta de unión, aunque no hablábamos mucho de nuestros desacuerdos en frente de ellos. Más que un sentido de alivio, los niños han experimentado de verdad nuestro gozo por estar de nuevo tan profundamente unidos.

Hemos tenido renovados ministerios. Algunos sueños

han muerto, pero Dios los ha suplido con superabundancia. En nuestra casa hemos tenido tremendas oportunidades de hospitalidad: más de trescientas personas al año han comido en nuestra mesa. Además, hemos tenido estudiantes de la universidad viviendo con nosotros, los cuales cambian de un semestre a otro, y esto ha proporcionado una aventura más experimentando la vida en una familia extensa. Y nuestra amplia sala acomoda grupos de veinte a cincuenta personas para los respectivos estudios bíblicos semanales de Scott y los míos.

Ambos también hemos empezado a dar charlas juntos en nuestros viajes. Hemos sido privilegiados al reunirnos y compartir la fe católica con tantos maravillosos, comprometidos y maduros católicos en todo el país. El ministerio de grabaciones a través de Saint Joseph Communications ha posibilitado que nuestro mensaje llegue mucho más allá de donde nosotros pudiéramos viajar. Y el permanente ministerio del teléfono y correo, nos ha puesto a prueba hasta el límite de nuestro tiempo y energías. ¡Y pensar que todos estos ministerios los creí perdidos para siempre! ...el Señor tenía su tiempo para restablecerlos.

Nuestra familia se ha rejuvenecido tanto, gracias a los nuevos canales de gracia ahora abiertos para nosotros: la confesión regular, y la Eucaristía casi diaria. Hemos disfrutado aprendiendo acerca del calendario litúrgico, con la observancia de ayunos (Adviento, Cuaresma, y viernes,...) y con los festejos. (Además de los cumpleaños y Navidad, celebramos el día de nuestros santos patronos y aniversarios de bautismo.)

He dado a luz a nuestro primer bebé siendo ya católica, sabiendo que cada día al recibir la Eucaristía, mi bebé era alimentado y nutrido por el Señor mismo. Después de mis partos fallidos, no tenía seguridad de poder llevar este bebé a término, pero sí estaba segura cada día de que tenía la

oportunidad de llevar esta pequeña vida ante el Señor y recibir la bendición del sacerdote. Por primera vez puse también a los santos del cielo a trabajar, pidiéndo por mi hijo por medio de su intercesión. ¡Qué gozo fue el dar a luz a Jeremiah Thomas Walker el 3 de julio de 1991, y el bautizarlo a principios de septiembre! Fue una gran alegría y un puente entre mi familia, el que mi padre participara en el bautizo de Jeremiah.

No habíamos ido a misa diaria como familia hasta el día que fuí recibida en la Iglesia; ahora, esa es nuestra meta diaria. Hemos tenido la bendición de tantos padres que pasan por Steubenville y celebran la misa. Sorprendida por tantos sacerdotes, la pregunta más común de Hannah es: «¿Y ése también es mi padre?»

Apreciamos nuestra tradición evangélica, donde la gente canta y ora con todo entusiasmo. Por eso, uno de los elementos de culto que mi familia ha apreciado más en Franciscan University es la forma como el pueblo participa. Como Scott dice: «Si la Eucaristía no te motiva para cantar, ¿qué lo hará?»

Aunque no siempre es fácil, siempre es bueno estar juntos en misa. Es un buen tiempo para cercanía física y para enseñar a los niños sobre el Señor. Aun cuando pareciera que la gracia recibida ha sido ya gastada antes de que termine el canto final, (por la disciplina y las distracciones), siempre ha sido mejor haberlos traído a la presencia de Jesús, que haberlos dejado aparte.

Al final de la misa solemos tener lo que hemos llamado nuestro «santo amontonamiento». Nos ponemos muy muy cerca y elevamos una oración de gracias como familia. Yo estoy ciertamente agradecida por la unidad de nuestra familia bajo la guía espiritual de Scott.

¡Qué lindo es sentirse en casa en la Iglesia católica romana! Y qué privilegio ha sido el poder refleccionar sobre

nuestras vidas y compartir cómo el Señor ha guiado nuestros pasos hacia él en su Iglesia. Ciertamente, como dice el salmista: «Ha hecho memorables sus maravillas, el Señor es clemente y compasivo» (Sal 111,4). Que el Señor, por medio de su abundante misericordia, nos haga a todos capaces de entregarnos cada día más a Él.

Conclusion

Un llamado a los católicos a ser cristianos bíblicos (y viceversa)

Ya hemos contado nuestra historia. Para terminar, queremos dar gracias a Dios por su gracia y su misericordia. Queremos también hablar brevemente del desafío que Dios nos ha hecho en su Palabra.

A nuestros hermanos y hermanas católicos, queremos animarlos y provocarlos a aprender más la Fe católica, confiada a ustedes como un patrimonio sagrado. Por su propio bien, —y por el de los demás— estúdienla de modo que puedan llegar a conocer *qué* es lo que ustedes creen, y *por qué* lo creen. Lean las Escrituras diariamente. Es la inspirada e inerrante Palabra de Dios escrita para ustedes, como la Iglesia católica consistentemente ha enseñado a lo largo de este siglo, especialmente en el Concilio Vaticano II. Crean en ella. Compártanla. Oren sobre ella. Memorícenla. Imprégnense en ella, ¡como en una tina de agua templada! Apréndanla bien, de modo que puedan vivirla más plenamente, y compartirla con más gozo. Ese es el camino para hacer su fe «infecciosa». ¡Necesitamos más católicos contagiosos!

Junto con la Biblia, tomen también un ejemplar del *Catecismo de la Iglesia Católica* y léanlo todo— de principio a fin— por lo menos una vez. Es indispensable para poner en práctica las enseñanzas del Vaticano II. De hecho, es «la clave del Concilio». Y ya que están en ello, ¿por qué no desempolvar los *Documentos del Concilio Vaticano II*? (los tienen, ¿no es así?). Y entonces dediquen unas cuantas se-

manas a refrescarse con el verdadero «espíritu del Concilio» sacado directamente de sus textos. El Vaticano II hace un llamado a la renovación, pero la respuesta a ese llamado se ha retrasado. Vendrá en cuanto los católicos comunes y corrientes— como ustedes y yo— den este paso fundamental. En realidad no es tan difícil; cualquier «buen cristiano» puede hacerlo.

El más importante mensaje del Vaticano II es el «llamado universal a la santidad». Básicamente esto significa que todos —no sólo los curas y las monjas— están llamados a ser santos. Esto requiere que cada uno le dé la máxima prioridad a la oración, y oración *diaria*. El hombre moderno, especialmente, en la cultura occidental solemos sentirnos «demasiado ocupados» como para desarrollar y mantener una vida interior; pero como católicos, sabemos que esto es absolutamente esencial, primero que todo. Hagan un «plan de vida» para ustedes mismos, incluyendo la oración en el programa diario. Puede que parezca fácil, pero resulta verdaderamente difícil a veces, aunque nunca tan difícil como una vida sin oración diaria.

El fundamento de la vida católica deben ser los sacramentos, especialmente la Eucaristía. No podemos por nosotros solos. Cristo sabía eso, y por eso instituyó los sacramentos, para darnos su propia vida y poder divinos. Debemos cuidarnos para no participar en los sacramentos de modo inconsciente. No son medios mágicos o mecánicos para hacernos santos sin nuestra fe y esfuerzo personal. Los católicos no pueden ir a la liturgia eucarística como quien va a un lavado de carros. No es así como funciona. La gracia no es algo que *se nos hace*; más bien la gracia es la vida sobrenatural de la Trinidad plantada profundamente en nuestras almas para que Dios pueda hacer de nosotros su hogar. Es la alianza que estamos llamados a vivir como hermanos y hermanas en la Familia Católica de Dios.

Cristo es el alimento de nuestras almas; no nos pongamos en dieta de hambre.

Los católicos que cultivan un estilo de vida de oración, estudio y sacramentos, deben también ser apóstoles activos en cualquier ambiente en que se encuentren: en casa, en el trabajo, en el mercado, pero especialmente con su familia y amigos. En los años recientes, la Iglesia católica ha perdido literalmente millones de sus miembros que se han pasado a denominaciones y congregaciones fundamentalistas y evangélicas. Esto crea nuevas y estimulantes oportunidades, no sólo de ganar ex-católicos de nuevo a la Iglesia, sino también de mostrarles a los que no son católicos nuestra fe como realmente es: basada en la biblia y cristocéntrica.

Tenemos que reconocerlo: muchos de los que no son católicos nos ponen en verguenza. Con su Biblia en la mano y mucho celo, hacen mucho más con menos medios, que muchos católicos que tienen la plenitud de la fe en la Iglesia, pero que están raquíticos y adormilados. ¡Es tanto lo que compartimos con los que no son católicos en cuanto a la verdad de Cristo en la Escritura! Pero lo que les falta a ellos es nada menos que la presencia real de Cristo en la Eucaristía. Para ponerlo en forma sencilla: ellos miran el menú mientras nosotros disfrutamos de la Comida! Pero con demasiada frecuencia, ni siquiera conocemos los ingredientes, y no podemos compartir la receta. ¿Nos está pidiendo demasiado Nuestro Señor a los católicos al decirnos que hagamos más, mucho más, por ayudar a nuestros hermanos separados a descubrir en el Santísimo Sacramento al Señor que tanto aman? Si nosotros no lo hacemos ¿quién lo hará?

Queremos también compartir este reto con nuestros hermanos y hermanas en Cristo que no son católicos. Con amor y respeto damos testimonio de la fidelidad de nuestro Dios a su Alianza, quien a lo largo de las épocas ha

procreado una santa, católica y apostólica familia eclesiástica. Pablo se refiere a esta Iglesia como «el hogar de Dios», que es columna y fundamento de la verdad» (1 Tim 3,15). Esta es otra forma de decir que la familia de Dios ha sido establecida y autorizada divinamente para mantener la verdad revelada.

Dios crea a su familia en una sola iglesia. Después de todo, ¿cómo llaman a quien tiene más de una familia? De donde yo vengo le llaman canalla (o algo peor); ¡qué vergüenza si tú tuvieras que llamarlo «papá»! Un padre es glorificado por la unidad de su familia; un hombre es desgraciado cuando tiene hijos separados. La unión real significa unidad de vida que se experimenta en la unidad de fe y práctica. Todo esto se aplica a la Iglesia de Dios: un Padre santo es capaz de preservar su única familia santa, y esto es lo que ha hecho con la Iglesia católica.

Es de esta Iglesia que Cristo habla: «Construiré *mi* Iglesia». No es *tu* Iglesia ni es la mía; es de Cristo. Él es el constructor; nosotros somos sólo herramientas. Engrandecer la Iglesia no es despreciar al Señor. La Iglesia es su obra. Reconocer la grandeza de la Iglesia —su autoridad divina y testimonio infalible— es nada menos que enaltecer la obra redentora de Cristo. Consecuentemente, rechazar la autoridad y desdeñar el testimonio de la Iglesia —aún cuando se haga con un malentendido celo por el exclusivo honor de Cristo— es desafiarlo a Él y a la plenitud de su gracia y verdad. Con muchas dificultades Saulo aprendió esta lección.

La Iglesia es también llamada Cuerpo Místico de Cristo; el Espíritu Santo es su alma. Un cuerpo sin alma es un cadáver; un alma sin cuerpo es un fantasma. La Iglesia de Cristo no es ni una cosa ni otra. Pero a duras penas se la podrá llamar un cuerpo si carece de unidad visible. De no ser así, Pablo no la habría llamado Cuerpo de Cristo, sino

simplemente su Alma. Pero el alma está hecha para animar al cuerpo, no para flotar alrededor sin él. Cuando el alma cumple su cometido, todas las partes y miembros del cuerpo están vivos y saludables. Dentro de la Iglesia, estas partes y miembros son llamados «santos». Los santos irradian la vida del Espíritu Santo en el Cuerpo de Cristo. Este es entonces el propósito del Espíritu Santo, mantener el Cuerpo visible de Cristo vivo en la verdad y la santidad. Y así lo ha estado haciendo por casi dos mil años: es lo que llamamos la Iglesia católica. No es, pues, un accidente que en el Credo de los Apóstoles estos elementos estén tan cercanamente conectados: «Creo en el Espíritu Santo, la santa Iglesia católica, la comunión de los santos...»

En el corazón de esta visión católica yace la Trinidad. Dios es una Familia Eterna de tres Personas Divinas: el Padre, el Hijo y el Espíritu Santo. La Alianza es lo que nos capacita para participar en su propia vida divina. Para nosotros eso significa nada menos que nuestra familia comparte —como hijos de Dios— en la comunión interpersonal de la Trinidad. Esto es lo que los católicos llaman gracia, gracia *santificante*. Este alto sentido de la gracia es la base de cada una de las creencias católicas. Sea María, el Papa, los obispos, los santos o los sacramentos, todo es hecho posible por la viviente y activa gracia de Dios. Dios lleva nuestra naturaleza caída más allá de sí misma por gracia divina. (La palabra clave aquí es «más allá de» —«en contra de»— ya que la gracia no destruye la naturaleza, sino que construye sobre ella: para *sanarla*, para *perfeccionarla*, y para *elevarla* de modo que pueda compartir la vida de Dios). Llamar a la Iglesia católica la «familia de Dios», entonces, no es una afirmación metafórica, sino una verificación metafísica. De hecho este es el misterio de nuestra fe.

Es verdad que Jesucristo quiere tener una relación personal con cada uno de nosotros como nuestro Salvador y

Señor. Pero Jesús quiere mucho más que eso: nos quiere en Alianza con Él. Yo puedo tener una relación personal con el vecino de mi calle, pero eso no significa que él quiera que me mude a su casa y comparta su hogar. También César Agusto se proclamó a sí mismo señor y salvador de todos sus súbditos romanos; pero él no murió en una cruz para que ellos pudieran ser sus hermanos y hermanas. Jesucristo nos quiere en la Nueva Alianza que Él estableció por medio de su propia carne y sangre, la misma Alianza que Él renueva por la Santa Eucaristía. Cuando su sacrificio por nosotros es renovado en el altar, nos reunimos en la mesa familiar para la comida sagrada que nos hace uno. Jesús quiere que no sólo conozcamos al Padre y al Espíritu Santo, sino también a su Bendita Madre y a todos sus santificados hermanos y hermanas. Él quiere también que vivamos de acuerdo a la estructura familiar que Él estableció para su Iglesia en la tierra: el Papa y todos los obispos y sacerdotes unidos a él. Vengan a casa en la Iglesia establecida por Cristo. La Cena está esperando y el Salvador está llamando: «He aquí que estoy a la puerta y llamo; si alguno oye mi voz y me abre la puerta, entraré en su casa y *cenaré* con él y él conmigo» (Ap 3,20).

Scott se encuentra con el Santo Padre, el Papa Juan Pablo II,
por primera vez. Es presentado por el padre de Kimberly, Dr.
Jerry Kirk. Enero, 1992 en el Vaticano.

Scott y Kimberly Hahn, 2009.

La familia Hahn, 2013.

Inspiring books from Ignatius Press

Ignatius Catholic Study Bible — New Testament
Revised Standard Version (2nd Catholic Edition)

Years in the making, this is the only Catholic Study Bible based on the Revised Standard Version 2nd Catholic Edition. Utilizing the penetrating study tools developed by Dr. Scott Hahn and Curtis Mitch, this volume presents the written Word of God in a highly readable, accurate translation, excellent for personal study.

CSB:NT-P, 726 pages

How to Share Your Faith with Anyone
Terry Barber

Recent popes have challenged all Catholics to participate in the New Evangelization, but most Catholics feel ill-equipped to take up the challenge. In this practical guide, Terry Barber takes much of the pain and uncertainty out of sharing one's faith. This book informs, entertains, and inspires aspiring evangelists and teachers.

HSFA-P, 154 pages

7 Secrets of the Eucharist
Vinny Flynn

Deeply based on the Scriptures and the writings of the Saints, this profound and remarkably readable book will introduce you to some of the "hidden" truths of the Eucharist—truths that have always been embraced by theologians, saints, and mystics, but have rarely been passed on to the average person in a meaningful way.

SSE-P, 140 pages

What Catholics Really Believe
Karl Keating

Popular apologist Karl Keating addresses 52 of the most common misconceptions about the Catholic Faith that are held by many Catholics and Protestants. Drawing upon Scripture and Tradition, he clearly spells out Catholic teaching and explains the rationale behind frequently misunderstood doctrines and practices.

WCRB-P, 155 pages

TO ORDER, CALL
1-800-651-1531

ignatius press

ONLINE AT
WWW.IGNATIUS.COM

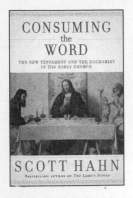
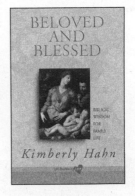

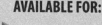